¡A explorar!

LIBRO DEL ESTUDIANTE 2

SAMANTHA BROOM AND CHIMENE MOONSAMMY

Series editor
Tracy Traynor

Series contributors and consultants
Samantha Broom, Marisha Charles-Alexis, Louise Fonceca, Sinda López Fuentes,
Symonette Hibbert, Keiba John, Chimene Moonsammy, Diana Carolina Neva Prieto,
Karen Peterson, René Young Romero, Clare Shephard, Catherine Stuart,
Tracy Traynor, Candida Williams

William Collins' dream of knowledge for all began with the publication of his first book in 1819.

A self-educated mill worker, he not only enriched millions of lives, but also founded a flourishing publishing house. Today, staying true to this spirit, Collins books are packed with inspiration, innovation and practical expertise. They place you at the centre of a world of possibility and give you exactly what you need to explore it.

Collins. Freedom to teach.

Published by Collins
An imprint of HarperCollins*Publishers*
The News Building
1 London Bridge Street, London, SE19GF

HarperCollins*Publishers*
Macken House, 39/40 Mayor Street Upper, Dublin 1,
D01 C9W8, Ireland

Browse the complete Collins catalogue at
www.collins.co.uk

© HarperCollins*Publishers* Limited 2019

Maps © Collins Bartholomew Limited 2019

10 9 8 7

www.collins.co.uk/caribbeanschools

ISBN 978-0-00-830150-7

British Library Cataloguing-in-Publication Data
A catalogue record for this publication is available from the British Library.

Authors: Samantha Broom and Chimene Moonsammy
Reviewers and consultants: Diana Carolina Neva Prieto, Catherine Stuart, René Young Romero, Symonette Hibbert, Marisha Charles-Alexis
Series editor and content consultant: Tracy Traynor
Publisher: Elaine Higgleton
Commissioning editor: Lucy Cooper
Content editor: Holly Woolnough
Development editor: Sinda López Fuentes
Proofreader: Ana Cristina Llompart Lucas
Cover designer: Kevin Robbins and Gordon MacGilp
Cover photograph: Canon Boy/Shutterstock
Typesetter: Ken Vail Graphic Design Ltd
Illustrators: Priyankar Gupta, QBS Learning and Ken Vail Graphic Design Ltd
Production controller: Lyndsey Rogers
Printed and bound in India by Replika Press Pvt. Ltd.

The publishers gratefully acknowledge the permission granted to reproduce the copyright material in this book. Every effort has been made to trace copyright holders and to obtain their permission for the use of copyright material. The publishers will gladly receive any information enabling them to rectify any error or omission at the first opportunity.

Contents

Contents map

	Vocabulary	Grammar
4 Nos divertimos mucho		
4.1 Prefiero quedarme en casa	weather review and the seasons, indoor activities	*jugar a* *prefiero* + infinitive *quiero* + infinitive *hace/hay* for weather
4.2 Me gusta salir	outdoor activities, clothing for different types of weather and activities	structures with the infinitive *no aguanto* *mi pasatiempo favorito es* + infinitive
4.3 ¡Soy aficionado!	cinema, reasons for opinions, sports vocabulary, adjectives	*desde hace (dos años)* *me fascina(n)* *me interesa(n)*
4.4 Con mi familia	weekend family activities and review of activities, future activities, TV programmes	1st person plural of present tense time expressions near future tense review
4.5 El fin de semana pasado	activities and chores, special weekends e.g. trips and celebrations	preterite – 'I' forms + some 'we' forms
Español en acción: ¡Al aire libre! – extended reading practice with cultural focus		
Otra vez: differentiated revision activities + *Ahora yo puedo:* self-assessment		
Palabras y frases – Unidad 4		
Repaso 2 (Unidades 3–4)		
5 ¡Bienvenidos a mi país!		
5.1 ¡Adoro las vacaciones activas!	locations, seasons, transport, holiday activities	question words: *con, quién, cómo, qué* present tense with focus on 3rd person singular and plural
5.2 ¿Qué hay de interés?	places of interest in a holiday town, times	near future tense review agreement of *mucho* *¿Dónde está/están …?*
5.3 ¿Dónde está el museo?	places of interest and other reference points/ destinations, shops, directions	imperative review *estar/ser* – *estar* for location
5.4 ¡La comida es riquísima!	restaurant menus, typical foods, ordering and commenting on food	superlative with *ísimo*
5.5 La pasé bien	holiday activities in preterite	preterite – 'I' form + examples of other forms
Español en acción: ¡Vamos de excursión! – extended reading practice with cultural focus		
Otra vez: differentiated revision activities + *Ahora yo puedo:* self-assessment		
Palabras y frases – Unidad 5		
6 Nuestro mundo		
6.1 El planeta azul	landforms, weather, adjectives to describe geographical features	superlative review comparatives agreement of adjectives review
6.2 Los animals amenazados	wild animals, simple descriptions of dangers to animals	impersonal structures with *se* and *hay que* *habitar* for where animals live
6.3 Debemos ayudar	natural disasters, environmental issues, what we should do	*se debe/no se debe* *hay* review
Español en acción: ¡Nuestra tierra es fantástica! – extended reading practice with cultural focus		
Otra vez: differentiated revision activities + *Ahora yo puedo:* self-assessment		
Palabras y frases – Unidad 6		
Repaso 3 (Unidades 5–6)		
Gramática		
Vocabulario		

¡Bienvenidos al mundo hispanohablante!

¿Por qué aprender español?

¿Sabías que hay más gente en el mundo que habla español como lengua nativa que el inglés? Además, el español es una de las lenguas que más se aprenden en todo el mundo.

Lugares

Cuando aprendes español, …
- puedes viajar y conocer otros países y lugares de interés
- puedes hacer amigos interesantes y aprender sus tradiciones
- puedes probar comidas nuevas y exóticas

Si visitas …

El Salvador

puedes hacer surf

Costa Rica

puedes ver aves increíbles

Panamá

puedes ver el océano Atlántico y el océano Pacífico

Nicaragua

puedes ver edificios hermosos

Guatemala

puedes visitar monumentos fascinantes

Honduras

puedes nadar con los tiburones

Cuba

puedes aprender a bailar bailes latinos como la salsa y la rumba

Ecuador

puedes probar los dulces tradicionales

la República Dominicana

puedes escuchar música animada

1 Habla con tu compañero/a. ¿Adónde quieres ir? ¿Por qué?
Talk to your partner. Where do you want to go? Why?

> Quiero ir a Honduras porque quiero nadar con los tiburones.

¡Bienvenidos al mundo hispanohablante!

Cuando aprendes español, …
- puedes apreciar la riqueza y variedad de la cultura hispana
- puedes aprender acerca de los hispanos conocidos en todo el mundo
- puedes tener mejores oportunidades en el futuro

Festivales

En toda Hispanoamérica se celebran festivales coloridos. ¿Conoces algunos de estos? La UNESCO los nombró patrimonios culturales de la humanidad.

Este festival religioso se celebra en Venezuela en el mes de mayo o junio. Es una celebración de la mezcla de las culturas indígena, africana y española. Las personas se visten de rojo y llevan máscaras coloridas de diablos. Bailan y festejan por las calles hasta llegar a la iglesia donde hacen sus ofrendas.

Los Diablos de Yare

Este festival, uno de los más grandes del país, se celebra en Pasto, al sur de Colombia, entre diciembre y enero. Durante seis días, la gente se viste con trajes coloridos y baila en las calles para celebrar la riqueza de la diversidad del pueblo colombiano.

Festival de Blancos y Negros

El 2 de noviembre es cuando muchos países hispanos recuerdan a sus muertos pero la celebración más conocida en el mundo es la de México. Este es un festival colorido y alegre que representa una mezcla de las tradiciones primitivas indígenas y la religión católica. Durante estas fechas, los familiares llevan flores, ofrendas y comida a sus difuntos en el cementerio para recordarlos y mantener vivo su espíritu.

El Día de los Muertos

2 ¿Cuál de estos festivales te interesa más? ¿Por qué? Escribe.
Which of these festivals interests you most? Why? Write.

3 Elige e investiga dos categorías del mundo hispano.
Choose and research two categories in the Hispanic world.

> personas famosas   el cine   la música   la comida

4 Habla con tu compañero/a. ¿Qué te interesa más del mundo hispano?
Talk to your partner. Which aspects of the Hispanic world interest you most?
- ¿Por qué te interesa aprender español?
- ¿Qué comidas quieres probar?
- ¿Qué te interesa más? ¿Los festivales, la música, la literatura, el cine o los lugares de interés?

> ¿Por qué te interesa aprender español?

> Quiero aprender español para viajar por América Latina.

¡Bienvenidos al mundo hispanohablante!

Me presento

1 Escucha y lee la conversación. ¿Qué ocurre? Elige la frase correcta.
Listen and read the conversation. What's happening? Choose the correct sentence.

- ¡Hola! ¿Qué tal?
- Muy bien, gracias. ¿Y tú?
- Bien, gracias.
- Eres nueva en el colegio, ¿verdad?
- Sí. Soy Leticia. ¿Cómo te llamas?

- Me llamo Elena. Mucho gusto, Leticia. Te presento a Julio.
- ¡Hola, Leticia! Mucho gusto.
- El gusto es mío.
- ¡Hasta mañana, chicas!
- ¡Chao!

1 Leticia knows Julio a little. Leticia introduces him to Elena.
2 Leticia doesn't know Elena. Julio introduces her to Elena.
3 Leticia has just started at the school. Elena introduces her to Julio.
4 Elena and Leticia are sisters. Julio introduces himself to them.

2 Escucha otra vez y repite.
Listen again and repeat.

3 Túrnate en grupo. Preséntense.
Take turns in groups. Introduce yourselves.

> ¡Hola! Soy Andrés. ¿Cómo te llamas?

> Mucho gusto, Andrés. Me llamo Sonia. Te presento a Marga.

> Mucho gusto, Marga.

> El gusto es mío.

4 Lee y contesta las preguntas.
Read and answer the questions.

1 Clariss Andrea

¿Qué tal? Me llamo Clariss Andrea. Soy de Caracas, Venezuela y tengo 14 años. Ahora vivo en Puerto España, en Trinidad y Tobago. No soy alta ni baja. Tengo el pelo castaño y liso. Vivo con mi mamá. No tengo hermanos, pero tengo tres mascotas.

¡Hola! Yo soy Raíza y soy cubana. Vivo en La Habana con mis padres y hermanos. Mi familia es muy grande y divertida. Tengo tres hermanas y dos hermanos. También tenemos un perro y un gato. Yo soy la mayor, tengo trece años y estoy en el segundo nivel. Soy muy alta para mi edad. Tengo el pelo negro, largo y rizado.

¡Hola a todos! Mi nombre es Adrián y tengo quince años. Soy bajo con el pelo negro y corto. Nací en Cartagena pero ahora vivo con mis padres y mi hermana menor en Medellín. Yo no tengo mascotas, pero mi hermana tiene una cobaya. Soy un chico activo y fuerte y corro muy rápido.

¿Quién ...
1 tiene más mascotas?
2 tiene cinco hermanos?
3 vive con su madre?
4 hace bastante ejercicio?
5 tiene el pelo rizado?
6 es de Colombia?

5 Lee y contesta las preguntas.
Read and answer the questions.

1 ¿Qué actividades le gusta hacer a Leo los fines de semana?
2 ¿Cuál es su actividad preferida?
3 ¿En qué año está Sara?
4 ¿Qué les gusta hacer a Sara y Paula en casa?
5 ¿Qué hacen las dos amigas los sábados?
6 ¿Cuál es su comida favorita?

6 Escribe las palabras que faltan.
Write the missing words.

favorita	me	a veces
~~me gusta~~	mejor	voy
encanta	me gustan	nada

1 me gusta

Leo

Me encantan los deportes y todas las actividades acuáticas. Me gusta sobre todo el surf. Vivo muy cerca del mar, así que paso muchos fines de semana con mis amigos en la playa.

Me gusta Comentar Compartir

Sara

Estoy en el tercer año de la escuela secundaria. Me gusta mucho escuchar música o ver la televisión con mi mejor amiga Paula. También nos gusta ir de compras los sábados y almorzar en un café. ¡Nos encantan los perros calientes!

Me gusta Comentar Compartir

Mis cosas favoritas

Cuando hace mal tiempo, (1) _____ mucho quedarme en casa. Leo en mi habitación. (2) _____ las historias de aventuras. También me (3) _____ la música. No me gusta (4) _____ arreglar mi habitación pero si escucho música es más fácil. (5) _____ apasiona la salsa y toda la música latina, especialmente la música cubana. Los fines de semana siempre (6) _____ al centro comercial porque ir de compras es mi actividad (7) _____. Generalmente voy con mi (8) _____ amiga, pero (9) _____ voy con mi hermana y mi madre.

7 ¿Qué te gusta hacer? Habla con tu compañero/a.
What do you like to do? Talk to your partner.

¿Qué te gusta hacer?

Me gusta escuchar música. Es divertido. Y también …

Me gusta/ No me gusta	practicar deporte
	jugar al tenis/fútbol/críquet
	practicar la natación/el atletismo/la vela
	leer/chatear/navegar por Internet
	ir al cine/al polideportivo/de compras
Es	divertido/aburrido/emocionante

8 Escribe un párrafo sobre ti.
Write a paragraph about you.

Me llamo …
Soy …
Vivo con … en …

Tengo … años/hermanos/mascotas.
Me gusta/No me gusta …

1 VIDA Y trabajo

- Talk about jobs
- Say how people get to work
- Review indefinite articles

1.1 ¿En qué trabajas?

1 Mira y escribe los trabajos.
Look and write the jobs.
1 peluquero

enfermera	granjera
recepcionista	mecánico
peluquero	mesera

¿En qué trabajas?

Trabajo como …

3

2 Escucha y repite. (1–6)
Listen and repeat.

3 Copia y completa el cuadro.
Copy and complete the table.

	Masculino	Feminino
nurse	(1) *enfermero*	enfermera
(2)	peluquero	peluquera
farmer	(3)	(4)
(5)	mecánico	(6)
receptionist	(7)	recepcionista
(8)	carpintero	carpintera
waiter/waitress	(9)	mesera
sales assistant	(10)	vendedora
businessman/woman	(11)	mujer de negocios

4 Busca cinco trabajos más en un diccionario.
Look up five more jobs in a dictionary.

Gramática
Unlike in English, the indefinite article *un/una* is not used with jobs.
Trabajo como médico.
I work as a doctor.

¡Nota!
What is odd about *recepcionista*?

5 Escribe las palabras que faltan.
Write the missing words.

| mesera | carpintero | ~~hospital~~ | oficina | profesora | vendedor |

1 hospital

1 Soy médica y trabajo en un _____.
2 Soy _____ y trabajo en un colegio.
3 Soy _____ y trabajo en una tienda.
4 Trabajo como _____ en un bar.
5 Trabajo como recepcionista en una _____.
6 Soy _____ y trabajo en un taller.

> **¡Nota!**
> Remember to check the Pronunciation Guide on page 199.

6 Escucha y escribe los detalles. (1–6)
Listen and write the details.
1 waitress in a restaurant; works at night

4

7 Habla con tu compañero/a. Adivina el trabajo.
Talk to your partner. Guess the job.

¿Dónde trabajas? Trabajo en una tienda.

¿Eres vendedor? ¡Sí!

> **¡Nota!**
> When you're talking about time, there are two phrases you can use for 'from … to …'.
> *de la una a las dos*
> *desde las dos hasta las diez*
> With days use *de … a …*
> *de lunes a viernes*

8 ¿En qué trabaja tu familia? Haz un sondeo en grupo.
What jobs do your family do? Do a survey in groups.

Compañero/a	¿En qué trabaja tu …?	¿Dónde trabaja tu …?
Pedro	*madre – recepcionista* *abuelo – …*	*oficina* *…*

¿En qué trabaja tu madre? Mi madre trabaja como recepcionista.

¿Dónde trabaja tu madre? Mi madre trabaja en una oficina.

9 Empareja las imágenes con las frases.
Match the pictures and the sentenc es.
1 f

¿Cómo vas al trabajo?

a Normalmente viajo en metro.
b Siempre tomo el bus.
c Todos los días voy a pie.
d Generalmente voy al trabajo en carro.
e A veces viajo en taxi.
f Normalmente voy en bicicleta.

tomo – I catch
voy – I go
viajo – I travel

¡Nota!
Voy en carro.
Voy en taxi.
Voy a pie.

Gramática

| a veces | generalmente | normalmente | siempre | todos los días |

¿Sabes ...?
el bus is known as *el camión* in Mexico, *la guagua* in the Caribbean and *el colectivo* in South America.

10 Elige cuatro profesiones de la Actividad 9 y escribe una frase para cada una.
Choose four jobs from Activity 9 and write a sentence for each one.

normalmente   siempre   generalmente
a veces   todos los días

Soy enfermera. Normalmente voy al trabajo en bicicleta.

11 Lee los mensajes. Copia y completa el cuadro.

Read the posts. Copy and complete the table.

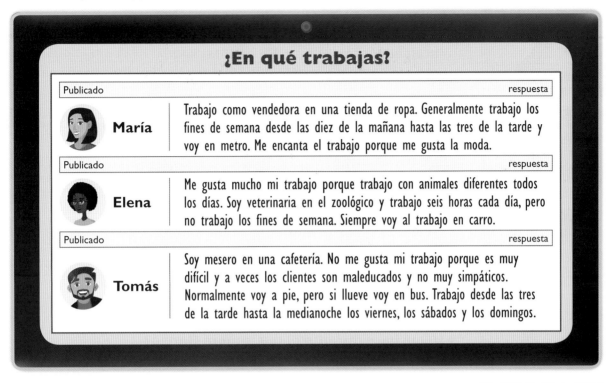

¿En qué trabajas?

| Publicado | | respuesta |

María — Trabajo como vendedora en una tienda de ropa. Generalmente trabajo los fines de semana desde las diez de la mañana hasta las tres de la tarde y voy en metro. Me encanta el trabajo porque me gusta la moda.

| Publicado | | respuesta |

Elena — Me gusta mucho mi trabajo porque trabajo con animales diferentes todos los días. Soy veterinaria en el zoológico y trabajo seis horas cada día, pero no trabajo los fines de semana. Siempre voy al trabajo en carro.

| Publicado | | respuesta |

Tomás — Soy mesero en una cafetería. No me gusta mi trabajo porque es muy difícil y a veces los clientes son maleducados y no muy simpáticos. Normalmente voy a pie, pero si llueve voy en bus. Trabajo desde las tres de la tarde hasta la medianoche los viernes, los sábados y los domingos.

Name	Job	Where	When	Transport
María	shop assistant	clothes shop		

12 ¿Cómo se dice en español? Busca en los mensajes de la Actividad 11.

How do you say it in Spanish? Find in the messages in Activity 11.

1 ¿En qué trabajas?

1 What's your job?
2 from … to …
3 fashion
4 each day
5 I don't like my job.
6 rude
7 if it is raining
8 midnight

13 Traduce las frases.

Translate the sentences.

1 I'm a shop assistant and I go to work on foot.
2 I work as a doctor. Generally, I go to work by car.
3 Every day I travel by metro. I'm a teacher in a school.
4 I work as a receptionist in a hotel. Normally, I catch the bus.
5 I'm a mechanic. I go to work on my motorbike every day.
6 I'm a nurse. I always go to the hospital on my bike.

14 Imagina que tienes un trabajo. Escribe un mensaje como los de la Actividad 11. Incluye:

Imagine you have a job. Write a message like those in Activity 11. Include:

| dónde trabajas | cómo vas al trabajo | cuándo trabajas | tu opinión del trabajo |

1.2 Háblame de tu día

- Describe daily routine
- Say when I do things
- Review the present tense

 1 Escucha y lee. Empareja las personas con los trabajos. (1–4)
Listen and read. Match the people and the jobs.

estudiante

granjero

cocinera

policía

1 ¿Qué haces durante el día, agente?
Yo trabajo por la noche, entonces durante el día normalmente duermo. En general llego a casa a las cinco, me baño, y me acuesto a las cinco y media de la mañana.

2 ¿Qué haces por la mañana, Alejandra?
Me levanto y después me baño en el cuarto de baño. Luego tomo el desayuno, me lavo los dientes y voy al colegio.
¿Y por la tarde?
Regreso a casa a las dos y media y hago la tarea. Luego veo la televisión.

3 ¿Qué hace por la mañana, señor Sandoval?
Me despierto muy temprano, a las cinco, me lavo y doy de comer a los animales. Normalmente regreso a casa a las ocho y tomo el desayuno. Después trabajo en el campo hasta las dos de la tarde.

4 ¿Qué hace durante el día, señora García?
Me levanto a las ocho y llego al trabajo a las nueve y media. Trabajo en un restaurante por la mañana y primero preparo la comida. Cocino mucho y normalmente como a las tres.

2 ¿Cómo se dice en español? Busca los verbos en la Actividad 1. Marca los reflexivos con una R.
How do you say it in Spanish? Find the verbs in Activity 1. Mark the reflexive ones with an R.

1 me despierto – R

1 I wake up
2 I get up
3 I return home
4 I get washed
5 I go to school
6 I have breakfast
7 I shower
8 I brush my teeth

3 Traduce las frases.
Translate the sentences.

1 I wake up in the mornings at seven o'clock.
2 They go to bed at ten.
3 We brush our teeth.
4 You return home at five.
5 She gets washed in the bathroom.
6 He has breakfast at eight.

4 En grupo, haz una cadena.
Play a chain game in groups.

Gramática

Reflexive verbs include a reflexive pronoun, e.g. *levantarse, me llamo*. Look at how they work. Do the endings of the verb look familiar?

levantarse	(to get up)
me *levanto*	I
te *levantas*	you
se *levanta*	he/she
nos *levantamos*	we
se *levantan*	*you* (pl)/they

> Por la mañana, me despierto.

> Por la mañana, me despierto y me levanto.

> Por la mañana, me despierto, me levanto y tomo el desayuno.

5 Empareja las expresiones de tiempo.

Match the time expressions.

1 f

1 a las ocho
2 luego
3 por la tarde
4 en general
5 primero
6 a veces

a in the afternoon
b first
c then
d sometimes
e in general
f at eight o'clock

6 Mira los relojes. Traduce las horas.

Look at the clocks. Translate the times.

¿Qué hora es?

son las doce
son las once   es la una
son las diez   son las dos
son las nueve   son las tres
son las ocho   son las cuatro
son las siete   son las cinco
son las seis

menos cinco   y cinco
menos diez   y diez
menos cuarto   y cuarto
menos veinte   y veinte
menos veinticinco   y veinticinco
y media

7 Escribe cada frase en orden.

Write the sentences in order.

1 Normalmente me levanto a las seis y veinte.

1 veinte levanto seis normalmente y a me las
2 me a menos en despierto cuarto las general siete
3 a ocho al generalmente las voy colegio
4 desayuno la mañana las veinticinco a por ocho y
5 tres las media por a casa y tarde a regreso la

What patterns can you identify to help you remember how to say the times?
Use what you know to work out these times:
Es mediodía.
Es medianoche.

8 ¿Qué hora es? Túrnate con tu compañero/a.

What time is it? Take turns with your partner.

¿Qué hora es?   Son las siete y cuarto.

9 Túrnate con tu compañero/a.

Take turns with your partner.

despertarse   levantarse   bañarse   acostarse

¿A qué hora te despiertas?   Me despierto a las ...

10 Escribe las palabras que faltan.
Write the missing words.

casa	fruta	lavar	libro	me levanto
~~quince~~	se levantan	trabajo		

1 quince

Me llamo Patricia, tengo (1) _____ años y vivo en Honduras. En mi familia somos siete y todos vivimos en una (2) _____ pequeña en las afueras. Tenemos dos habitaciones y una terraza pequeña. Normalmente (3) _____ sobre las seis y ayudo a mi madre con los quehaceres de la casa antes de ir al colegio. Por ejemplo tengo que (4) _____ la ropa y cuidar de mis hermanos pequeños. No voy al colegio todos los días.

Mi padre normalmente se levanta a las cinco porque a las seis y media empieza su (5) _____ en una plantación de cacao.
Mis hermanos (6) _____ a las siete y desayunamos pan con leche, luego van al colegio.
Mis hermanos regresan a las dos y en general comemos sopa y (7) _____.
Por la tarde juego con mis hermanos y a veces leo un (8) _____. Me gusta estudiar pero no tengo mucho tiempo para leer. En general me acuesto a las ocho y media.

11 Lee el texto otra vez. Lee las frases y escribe V (verdadero) o F (falso).
Read the text again. Read the sentences and write V (true) or F (false).

1 F

1 Patricia is fourteen.
2 Patricia lives with her grandparents in the outskirts of Honduras.
3 Patricia doesn't go to school.
4 Her father starts work at 6:30 am.
5 Patricia and her family have bread and milk for breakfast.
6 Lunch is normally soup and a sandwich.
7 Patricia doesn't like reading.
8 Patricia goes to bed at 8:30 pm.

Gramática

Regular –ar verbs in the present tense always follow the same pattern of endings.

desayunar	(to have breakfast)
desayuno	I
desayunas	you (sing)
desayuna	he/she
desayunamos	we
desayunan	you (pl)/they

12 ¿Cómo se dice en español? Busca en el texto de la Actividad 10.
How do you say it in Spanish? Find in the text in Activity 10.

1 there are seven of us
2 I help my mother
3 to look after
4 he starts
5 they come back
6 I don't have much time to read.

13 **¿Cómo es la rutina de Ángel? Escribe las preguntas en orden cronológico. Escucha y comprueba.**
What is Ángel's routine? Write the questions in chronological order. Listen and check.
¿A qué hora te despiertas?

¿Qué haces por la tarde?

¿A qué hora te despiertas?

¿Qué haces por la noche?

¿A qué hora te acuestas?

¿Qué haces antes de ir al colegio?

¿A qué hora te lavas?

14 **Escucha otra vez. Anota los detalles de la rutina de Ángel.**
Listen again. Note the details of Ángel's routine.
Wakes up at 6.00. ...

> Read your answer to Activity 13 again. Use the questions to help you. What kind of information will you be listening for each time?

15 **Habla con tu compañero/a de tu rutina diaria.**
Talk to your partner about your daily routine.

¿A qué hora te despiertas?   Me despierto a las siete y veinte.

16 **Elige un trabajo. Escribe su rutina diaria.**
Choose a job. Write about his/her daily routine.
Se levanta temprano a las ...

el profesor

qué hace por la mañana

qué hace durante el día

qué hace por la noche

la bombera

1.3 Es un trabajo emocionante

- Describe jobs
- Say what people think of their jobs
- Use *tener que*

1 Escucha. Empareja las descripciones con las fotos. (1–6)
Listen. Match the descriptions and the photos.

1 e

niñera

conductor

piloto

vendedora

profesor

mesero

¿Qué haces en tu trabajo?

1 Tengo que enseñar matemáticas a estudiantes de once a dieciséis años. Por la tarde tengo que corregir tareas y planear mis clases.

2 Yo trabajo para una línea aérea y tengo que pilotar los aviones de un país a otro. A veces tengo que hacer cuatro viajes al día.

3 Trabajo por la mañana y tengo que manejar un bus por una ruta particular. Tengo que dar los boletos a los pasajeros también.

4 Yo trabajo desde las nueve hasta las cinco y tengo que atender a los clientes que vienen a la tienda. También, si tienen un problema tengo que ayudarlos.

5 Yo también sirvo a los clientes pero también tengo que apuntar lo que quieren comer y beber y tengo que limpiar las mesas.

6 De vez en cuando, el fin de semana tengo que cuidar de mi prima pequeña. Tengo que jugar con ella y tengo que preparar una merienda.

> Use what you know. Look for cognates and words you recognise to make the connections.

2 ¿Cómo se dice en español? Busca en las descripciones de la Actividad 1.
How do you say it in Spanish? Find in the descriptions in Activity 1.

1 to teach maths
2 to mark books
3 to fly
4 journeys
5 tickets
6 customers
7 to write down what they want
8 to look after

3 Trabaja con tu compañero/a. Describe los trabajos de la Actividad 1 con *tener que*.
*Work with your partner. Describe the jobs in Activity 1 with **tener que**.*

Gramática

tener que (to have to) is always followed by the infinitive.

Tenemos que hacer las tareas.
We have to do our homework.

tener is a stem-changing verb. This means that the vowel in the main part of the verb changes in some forms.

tengo que	I
tienes que	you (sing)
tiene que	he/she
tenemos que	we
tienen que	you (pl)/they

What do you notice about the verb endings?

Un mesero tiene que … … apuntar lo que quieren.

4 Escribe las frases con las formas correctas de *tener que*.

Write sentences with the correct forms of tener que.

1 Pedro tiene que abrir la tienda.

1 Pedro

2 nosotros

3 Lucía y Noelia

4 tú

5 yo

Lista de quehaceres
— hacer las tareas
— lavar los platos
— limpiar el baño
— abrir la tienda
— pasear al perro

5 Escucha y escribe los trabajos. (1–6)

Listen and write the jobs.

1 recepcionista

enfermera	carpintero
mecánico	recepcionista
peluquera	secretario

6 Túrnate con tu compañero/a. Adivina el trabajo.

Take turns with your partner. Guess the job.

¿Qué haces en tu trabajo?   Tengo que limpiar las mesas.

¿Eres mesero?   ¡Sí! Es correcto.

manejar un carro/bus/tren

servir/ayudar a los clientes

cuidar de mis hermanos

escribir/mandar correos electrónicos

contestar el teléfono

7 Elige dos trabajos. Escribe una descripción de lo que tienes que hacer.

Choose two jobs. Write a description of what you have to do.

hombre de negocios

futbolista

actriz

carpintero

8 ¿Qué opinan de su trabajo? Lee, elige y escribe.
What do they think of their job? Read, choose and write.

enfermera	vendedor	abogado
veterinaria		carpintero

1 Trabaja como enfermera. No le gusta su trabajo porque es exigente.

1 En mi opinión mi trabajo es muy exigente. Tengo que levantarme a las cinco de la mañana y trabajo muchas horas. Estoy muy cansada.

2 Me encanta mi trabajo. Pienso que es muy interesante porque cada caso es diferente. Todos los días estoy muy ocupado y a veces no termino el trabajo hasta las nueve de la noche.

3 No hay mucha presión en mi trabajo porque es muy individual. Me gusta mucho mi trabajo porque me encanta ser creativo y diseñar muebles de madera.

4 Creo que es bastante aburrido trabajar en una tienda. Además mi jefe no es muy amable. Quiero buscar otro trabajo.

5 Me gustan mucho los animales. Es muy interesante cuidarlos todos los días. Además, cuando puedo solucionar sus problemas, estoy muy contenta.

9 Juega a la batalla naval con tu compañero/a.
Play battleships with your partner.

	... servir a los clientes	... cuidar animales	... preparar la comida	... escribir correos electrónicos	... hacer y contestar llamadas
Me gusta					X
No me gusta		X			
Me encanta					
Odio					

¿Te gusta hacer y contestar llamadas?

Tocado

agua – miss
tocado – hit

10 Escucha y escribe si la opinión de cada persona es P (positiva), N (negativa) o P+N (positiva y negativa). (1–6)
Listen and write if each person's opinion is P (positive), N (negative) or P+N (positive and negative).

1 N

When listening out for opinions, focus on words you know, such as *me gusta* or *no me gusta,* and synonyms of these words. Also listen out for connectives such as *pero* or *sin embargo* as these can introduce a different opinion to the one already mentioned.

11 Imagina que tienes estos trabajos. Escribe lo que tienes que hacer e inventa una opinión.

Imagine that you have these jobs. Write what your job involves and give your opinion.

1 Trabajo en una tienda.
Tengo que …
(No) Me gusta mi trabajo porque …

12 Escribe las palabras que faltan.

Write the missing words.

hospital	pacientes	tarde	empleados
jefe	difícil	~~médico~~	nueve

1 médico

Soy (1) _____ y trabajo en un (2) _____.
Normalmente trabajo tres días desde las
(3) _____ hasta las seis, luego trabajo tres
días desde las dos de la (4) _____ hasta
la medianoche. En mi opinión mi trabajo es
muy (5) _____ porque tengo que cuidar
de muchos (6) _____. ¡Las horas son
muy largas! Sin embargo, es un trabajo muy
gratificante. Tengo un (7) _____ muy
comprensivo y me gustan los otros (8) _____.

13 Traduce las frases. Mira el texto de la Actividad 12 para ayudarte.

Translate the sentences. Look at the text in Activity 12 to help you.

1 I'm a teacher and I work in a school.
2 Normally, I work five days from eight o'clock until four o'clock.
3 In my opinion, my job is very important.
4 I have to teach children.
5 I have a very nice boss.
6 However, I don't like the other employees.

¡Nota!

Remember that in Spanish exclamations and questions, you use punctuation at the start as well as the end.
¡Sí!
¿En qué trabajas?

14 Habla con tu compañero/a. ¡Imagina que tienes un trabajo horrible!

Talk to your partner. Imagine that you have a horrible job!

¿Dónde trabajas?

Trabajo en un restaurante.

¿Qué tienes que hacer?

Tengo que lavar los platos. En mi opinión, …

You can make your Spanish more accurate by copying good models. Use the sentences and texts in this book, adapting them to say what you want to say.

1.4 Cómo gano dinero

1 ¿Qué haces para ganar dinero? Escribe frases.
What do you do to earn money? Write sentences.
1 Trabajo como mesera.

- Understand a job advert
- Describe personal qualities
- Make adjectives agree

2 Escucha y comprueba tus respuestas. (1–6)
10 *Listen and check your answers.*

3 Túrnate en grupo. Usa mímica para representar un trabajo de la Actividad 1.
Take turns in groups. Mime a job from Activity 1.

Hago de niñera.
Lavo el carro de mi padre.
Paseo al perro.
Pongo y quito la mesa.
Saco la basura y corto el pasto.
Trabajo como mesera.

¿Eres mesero?

No, no soy mesero.

¿Paseas al perro?

¡Sí, paseo al perro!

ganar – to earn
recibir – to receive
Mis padres me dan … – My parents give me …

4 Escucha otra vez. Escribe cuánto gana cada persona. (1–6)
10 *Listen again. Write in figures how much each person earns.*
1 $25–$30 per weekend

5 Lee los anuncios. Copia y completa el cuadro.

Read the adverts. Copy and complete the table.

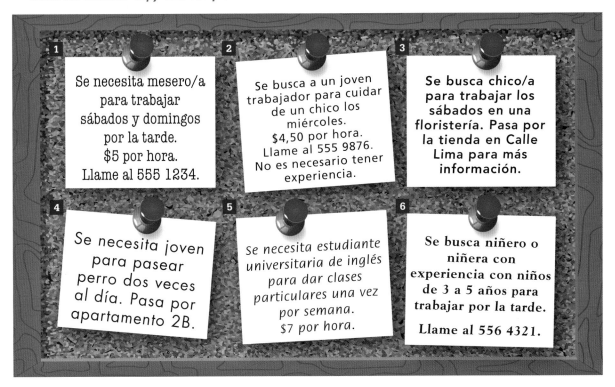

1
Se necesita mesero/a para trabajar sábados y domingos por la tarde.
$5 por hora.
Llame al 555 1234.

2
Se busca a un joven trabajador para cuidar de un chico los miércoles.
$4,50 por hora.
Llame al 555 9876.
No es necesario tener experiencia.

3
Se busca chico/a para trabajar los sábados en una floristería. Pasa por la tienda en Calle Lima para más información.

4
Se necesita joven para pasear perro dos veces al día. Pasa por apartamento 2B.

5
Se necesita estudiante universitaria de inglés para dar clases particulares una vez por semana.
$7 por hora.

6
Se busca niñero o niñera con experiencia con niños de 3 a 5 años para trabajar por la tarde.
Llame al 556 4321.

	Job	When/Hours	Extra Information
1	*waiter/waitress*		

6 Escribe las palabras que faltan.

Write the missing words.

~~busca~~	lavar	noche	sábados	se	bus

1 busca

Se (1) _____ conductor de (2) _____ para trabajar por la (3) _____. Se necesita licencia de conducir.

(4) _____ busca una chica para los (5) _____ para barrer el suelo y (6) _____ el pelo de los clientes. Se paga $8/hora.

7 Escribe dos anuncios. Usa la información.

Write two adverts. Use the information.

vendedor – tienda de ropa – los sábados y domingos – $6 por hora

cocinero – preparar comida – cafetería – vacaciones de verano – $10 por hora

8 Elige las cualidades de un buen trabajador.

Choose the qualities of a good worker.

simpático, …

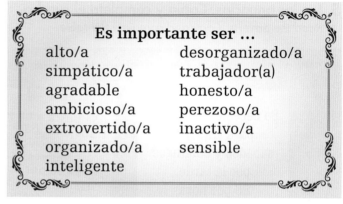

Es importante ser ...

alto/a	desorganizado/a
simpático/a	trabajador(a)
agradable	honesto/a
ambicioso/a	perezoso/a
extrovertido/a	inactivo/a
organizado/a	sensible
inteligente	

9 Escucha. Escribe el trabajo adecuado para cada persona. (1–6)

Listen. Write the appropriate job for each person.

recepcionista	~~veterinario~~	vendedora
médico	niñera	bombero

1 veterinario

> Use reading skills to work out your answers. Then check in a dictionary to make sure you're correct.

10 Copia y completa las frases con los trabajos y los adjetivos adecuados.

Copy and complete the sentences with the jobs and appropriate adjectives.

paciente	energía	~~comprensivo~~
imaginación	en buena forma	

1 Para ser médico, es importante ser comprensivo.

1 Para ser 🩺 , es importante ser …

2 Para ser 👨‍🏫 , es importante ser …

3 Para ser 👟⚽ , es importante estar …

4 Para ser 🍽️ , es importante tener …

5 Para ser 🎨 , es importante tener …

Gramática

Adjectives agree in gender and number with what they describe.

Rosa es ambiciosa.
Rosa is ambitious.
Los empleados son simpáticos y habladores.
The employees are nice and talkative.

Some adjectives are the same for masculine and feminine.

Silvia es muy inteligente y su hermano es inteligente también.
Silvia is very intelligent and her brother is intelligent too.

11 Habla con tu compañero/a de las cualidades necesarias para estos trabajos.

Talk to your partner about the necessary qualities for these jobs.

> ¿Cuáles son las cualidades necesarias para ser …?

> Es importante ser/tener …

policía
bombero/a
profesor(a)
enfermero/a
cocinero/a

¡Nota!

Watch out for false friends! They might look similar but they mean different things.
simpático – nice
sensible – sensitive

12 Lee los anuncios. ¿Cómo son las personas?

Read the adverts. What are the people like?

1 profesional y flexible

1 **BUSCO EMPLEO** ¡Hola! Soy diseñador gráfico e ilustrador y puedo ayudarte a crear una imagen que representa los valores de tu proyecto. Diseño páginas web, ilustraciones o pósteres publicitarios. Escríbeme y cuéntame tu idea. Soy profesional y flexible.	**2** **NECESITO UN EMPLEO** Buenas tardes. Me llamo Victoria. Soy sociable, responsable y seria. Busco trabajo en un restaurante o como mesera o cocinera. Tengo experiencia y buenas referencias. Puedo trabajar durante el día o por la noche. Por favor llámeme al 525 7788.
3 **BUSCO TRABAJO** Soy una chica de 23 años, honesta y agradable y me encanta trabajar con niños. Tengo experiencia porque llevo tres años trabajando con pequeños en un colegio. Puedo trabajar por las tardes o por las mañanas.	**4** **NECESITO TRABAJO** Soy estudiante universitario y busco un trabajo de medio tiempo para complementar mis estudios de veterinaria. Me encantan todo tipo de animales y puedo trabajar o durante el día los miércoles o por la tarde los jueves, viernes y fines de semana. Soy simpático y trabajador.

13 ¿Cómo se dice en español? Busca en los anuncios de la Actividad 13.

How do you say it in Spanish? Find in the adverts in Activity 13.

1 graphic designer
2 advertising posters
3 tell me your idea
4 I have experience
5 good references
6 I have worked for three years
7 I can work
8 a part-time job

14 Lee los anuncios otra vez. Elige el trabajo apropiado para cada persona.

Read the adverts again. Choose the most appropriate job for each person.

1 e

a Cafetería Sol busca mesero/a para trabajar desde las 6 hasta medianoche.

b Colegio Zapatero Domínguez necesita profesor(a) de idiomas.

c Guardería Planeta de Niños busca hombre/mujer para trabajar desde las ocho de la mañana hasta las tres de la tarde, tres días a la semana.

d **La Tienda de Teléfonos requiere vendedor(a) para trabajar los fines de semana.**

e Revista Moda busca una persona creativa para ser parte de nuestro equipo de marketing y diseño.

f Una tienda de mascotas necesita vendedor(a) para trabajar los fines de semana.

15 Entrevista a tu compañero/a.

Interview your partner.

¿Qué trabajo te interesa?

¿Cuándo puedes trabajar?

¿Cuáles son tus mejores cualidades?

16 Busco trabajo. Escribe un anuncio para ti.

Job wanted. Write an advert for you.

1.5 Quiero ser

● Say what I want to be
● Talk about future plans
● Use the near future tense

1 Escucha y busca. Escribe los nombres. (1–6)
Listen and find. Write the names.
1 Leila

12

Paco

En el futuro quiero ser piloto.

Carlota

Después del colegio quiero ser dentista.

Juan

Quiero ser cantante.

Jaime

En el futuro me gustaría ser futbolista.

Leila

Yo quiero ser programadora.

Magali

Me gustaría ser arquitecta en el futuro.

Gramática

querer, gustar and *interesar* are all followed by the infinitive form.
Quiero trabajar en el extranjero.
I want to work abroad.
Me gustaría ir a la universidad.
I'd like to go to university.
Me interesa estudiar idiomas.
I'm interested in studying languages.

Gramática

Nouns which end in *–or* are masculine. To make them feminine, add *a*.
programador – programadora
diseñador – diseñadora

Nouns ending in *–ista* can be masculine or feminine. The article tells you if the person is male or female.
el dentista   la dentista
un pianista   una pianista

2 ¿Qué quieren ser tus compañeros en el futuro?
Haz un sondeo.
What do your classmates want to be in the future? Do a survey.

Nombre	Profesión futura

¿Qué quieres ser en el futuro, Raúl?   En el futuro quiero ser ingeniero.

3 Lee las opiniones de los jóvenes de la Actividad 1. ¿Quién es?
Read the opinions of the young people in Activity 1. Who is it?
1 Magali
1 Me gustan arte y tecnología.
2 Me gustan las computadoras y tengo buenas notas en informática.
3 Soy buena en biología y química.
4 Soy bueno en deportes y me gusta la educación física.
5 Soy bueno en inglés y me gusta mucho viajar.
6 Tengo buenas notas en teatro y música.

4 Escucha y escribe cómo se dicen las frases en español. (1–4)
Listen and write the phrases in Spanish.

1 I'm very
2 I get good grades in
3 I'm good at
4 to work in a team
5 I like
6 I'm going to be

> Prepare yourself as much as possible for listening tasks. Read the questions. Predict what is going to come up.

5 Escucha otra vez. Identifica los trabajos. (1–4)
Listen again. Identify the jobs.

1 Voy a ser …

actriz

deportista

diseñador

ingeniera

Gramática

To talk about what you're going to do, use the present tense of *ir* + *a* + infinitive.

voy a …	I
vas a …	you (sing)
va a …	he/she
vamos a …	we
van a …	you (pl)/they

Voy a estudiar en París.
I'm going to study in Paris.
Vamos a ir a la universidad.
We're going to go to university.

6 Escribe la forma correcta del futuro próximo.
Write the correct form of the near future tense.

| viajar | estudiar | ~~ir~~ | buscar | cenar | ser |

1 voy a ir

1 Me gusta estudiar y _____ a la universidad.
2 Después de terminar los estudios, mi hermano _____ piloto.
3 Mis amigos _____ por el mundo.
4 Maribel, ¿qué asignaturas _____ el año que viene?
5 ¿Y ustedes chicos? ¿_____ un trabajo o ir a la universidad?
6 Mi amigo y yo _____ hoy en el restaurante nuevo.

7 Traduce las frases de la Actividad 6.
Translate the sentences from Activity 6.

8 Habla con tu compañero/a. Adivina el trabajo que va a hacer en el futuro.
Talk to your partner. Guess what job he/she is going to do in the future.

¿Qué te gusta estudiar?

Me gusta estudiar botánica.

En el futuro vas a ser jardinero.

Sí, es correcto.

9 Lee y contesta las preguntas.
Read and answer the questions.

@liliana
En el futuro me gustaría ir a la universidad porque quiero ser médica. Tengo buenas notas en ciencias, pero tengo que estudiar mucho.

@simon8
Me interesan mucho los perros y los gatos, así que creo que voy a ser veterinario después de ir a la universidad.

@francisco
Me gustaría tomarme un año libre antes de ir a la universidad porque no sé qué hacer en el futuro.

@guillermoTW
Voy a ir a la universidad para estudiar idiomas porque quiero ir al extranjero y aprender español.

@mani123
No me interesa ir a la universidad. Voy a buscar un trabajo al terminar el colegio.

1 mani123

Who …

1 doesn't want to go to university?
2 wants to take a gap year?
3 wants to study languages?
4 wants to find a job when they finish school?
5 wants to be a doctor?
6 wants to go abroad?
7 wants to work with animals?

10 Escribe cada frase en orden.
Write each sentence in order.

1 En el futuro quiero ser piloto.

1 el piloto futuro quiero en ser
2 terminar me ser de estudios mis después cantante gustaría
3 del ingeniero colegio después ser quiero
4 de universidad me después dentista gustaría trabajar la como
5 mucho a veterinaria me animales voy interesan los ser porque

11 Escribe la forma correcta del verbo *ir* o *querer*.
Write the correct form of the verb ir *or* querer.

1 queremos

1 Nosotros no _____ ir a la universidad.
2 Después del colegio Manolo y Francisco _____ a ser bomberos.
3 Yo _____ a estudiar medicina.
4 ¿Qué _____ hacer como trabajo?
5 Serena _____ ser abogada.
6 Laura y yo _____ a ser vendedoras.

12 Completa las frases para ti.
Complete the sentences for you.

1 Después de terminar los estudios voy a …
2 En el futuro me gustaría …
3 Me interesa …
4 A mí, me importa …

13 Escucha la entrevista. Escribe las preguntas que faltan.

Listen to the interview. Write the missing questions.

1 ¿Cómo estás?

- ¡Hola, Daniela!
  ¡Hola, buenos días!
- (1) _____
  Bien, gracias.
- (2) _____
  Pues, en el futuro, creo que voy a ser arquitecta o diseñadora.
- Ah, ¿sí? (3) _____
  Porque soy una persona muy creativa y me gusta mucho dibujar.
  En este momento, no sé si quiero ir a la universidad porque es
  bastante caro, sin embargo, me interesan los edificios.
- (4) _____
  Me gustaría trabajar en Nueva York porque es una ciudad con
  mucha arquitectura interesante.
- (5) _____
  Me gustaría diseñar edificios modernos y funcionales.

14 Escucha otra vez y completa las frases.

Listen again and complete the sentences.

1 be an architect

1 In the future Daniela wants to …
2 She is a … person.
3 She likes …
4 Daniela isn't sure about going to university because …
5 She would like to work in … because …
6 She would like to design …

15 Escribe y practica una entrevista con tu compañero/a. Usa la conversación de la Actividad 13 como modelo.

Write and practise an interview with your partner. Use the conversation in Activity 13 as a model.

¿Qué quieres ser en el futuro?

¿Dónde te gustaría trabajar?

¿Qué vas a hacer en tu trabajo?

LOS
ARRECIFES DEL CARIBE

Vivo con mi familia en el valle de Viñales, un parque nacional rodeado de montañas, en el oeste de Cuba. Hay muchas atracciones turísticas en la zona y los fines de semana trabajo en un **centro de escalada**. Me gusta mucho tratar con turistas y especialmente practicar el inglés para el futuro. En las vacaciones, siempre vamos a visitar a mis tíos y primos en la costa. Me encanta **bucear** en el mar de María la Gorda y explorar **el arrecife de coral** con todos los peces tropicales y la maravillosa vegetación submarina. Parece otro mundo allí, en el fondo del mar, y me siento emocionado y tranquilo a la vez. **De mayor**, quiero ir a vivir en la provincia de Camagüey y trabajar en algo relacionado con el mar. Somos muy afortunados en Cuba y hay muchas oportunidades para bucear. El archipiélago de los Jardines de la Reina con sus cientos de **cayos** y aguas cristalinas atrae a muchos turistas interesados en el buceo. El mar **me apasiona** y mi sueño es ser profesor de buceo para compartir las bellezas de nuestras aguas con todo el mundo.
Fernando

el centro de escalada	climbing centre
bucear	to scuba dive
el arrecife de coral	coral reef
de mayor	when I grow up
el cayo	key
me apasiona	I'm passionate about

1 Lee las frases y escribe V (verdadero) o F (falso).
Read the sentences and write V (true) or F (false).

1 Fernando lives in the mountains.
2 Tourists go to Viñales for scuba diving.
3 He spends the holidays on the coast with his cousins.
4 He finds the bottom of the sea peaceful and exciting.
5 There are a small number of keys in Cuba suitable for diving.
6 Fernando wants to share his love of the sea with others.

¡QUIERO SER MÉDICO!

Me fascinan las ciencias y quiero ser médica, o más bien **pediatra** porque me gustan mucho los niños. Tengo experiencia de trabajar con niños porque trabajo de niñera para varios vecinos y me encanta. Después del **bachillerato**, quiero **hacer la carrera** de medicina en la famosa ELAM o Escuela Latinoamericana de Medicina que está en La Habana. Hoy en día, vienen jóvenes de varias partes del mundo, incluso de Estados Unidos, a estudiar en la ELAM. Los estudios son **gratis** y tienen preferencia estudiantes de familias pobres. A Cuba le interesa invertir en los médicos del futuro para trabajar en el Sistema Nacional de Salud y poder ayudar a nuestras comunidades. Como parte de la carrera, me interesa ir a **hacer las prácticas** en Estados Unidos por conocer otro sistema y, a la vez, mejorar mi inglés. Voy a estudiar mucho para sacar buenas notas y ser médica en el futuro.

Mariluz

el/la pediatra	paediatrician
el bachillerato	secondary school (exams)
hacer la carrera	to do a degree
gratis	free
hacer las prácticas	to do an internship

2 Lee y contesta las preguntas.

Read and answer the questions.

1 What does Mariluz want to be?
2 What part-time job does she currently do?
3 How much will the degree cost?
4 Why does Cuba feel it is important to invest in doctors?
5 Which students are prioritised for a place at the ELAM?
6 What are Mariluz's plans after she's gained her degree?

Mi mundo, tu mundo

Research other water sports that tourists can do in the Caribbean.
Choose two Hispanic Caribbean countries and compare their health systems with your own.

Otra vez

A reforzar

1 Empareja las frases.
Match to make sentences.

1 b

1 Quiero ser mecánico
2 Siempre voy al trabajo
3 Trabajo en un hotel
4 Soy vendedora en
5 Soy profesora de idiomas
6 Me gusta ser mesero porque

a como recepcionista.
b porque me gustan los carros.
c en un colegio.
d a pie.
e es un trabajo activo.
f una tienda de ropa.

2 Inventa un anuncio para un trabajo. Copia y completa el formulario.
Make up a job advert. Copy and complete the form.

el tipo de trabajo:	
dónde está el trabajo:	
las horas y días del trabajo:	
el salario:	
las cualidades importantes:	

3 Túrnate con tu compañero/a. Habla del trabajo de sus padres.
Take turns with your partner. Talk about your parents' jobs.

¿En qué trabaja tu madre/padre?   ¿Dónde trabaja?

¿Cuándo trabaja?   ¿Qué hace en su trabajo?   ¿Cómo es un día típico?   ¿Qué opina del trabajo?

4 Lee la conversación. Lee las frases y escribe V (verdadero) o F (falso).
Read the conversation. Read the sentences and write V (true) or F (false).

1 V

1 Luis needs to do his homework.
2 Luis's parents both work at the hospital.
3 Kat's stepfather is a chef and works until late.
4 Kat would like to be a teacher like her mother.
5 Kat likes animals.
6 Luis would like to go to university.

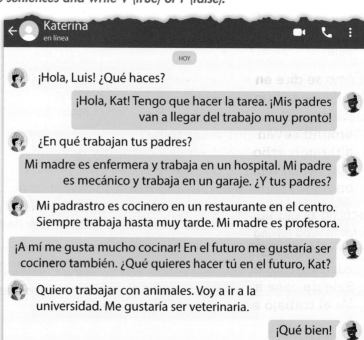

Katerina en línea

HOY

¡Hola, Luis! ¿Qué haces?

¡Hola, Kat! Tengo que hacer la tarea. ¡Mis padres van a llegar del trabajo muy pronto!

¿En qué trabajan tus padres?

Mi madre es enfermera y trabaja en un hospital. Mi padre es mecánico y trabaja en un garaje. ¿Y tus padres?

Mi padrastro es cocinero en un restaurante en el centro. Siempre trabaja hasta muy tarde. Mi madre es profesora.

¡A mí me gusta mucho cocinar! En el futuro me gustaría ser cocinero también. ¿Qué quieres hacer tú en el futuro, Kat?

Quiero trabajar con animales. Voy a ir a la universidad. Me gustaría ser veterinaria.

¡Qué bien!

A practicar

1 **Lee un día típico de un joven venezolano. Escribe los números en el orden correcto según la imagen.**
Read the typical day of a young Venezuelan. Look at the picture and write the numbers in the correct order.
5, …

1 El desayuno en Venezuela consiste en cereales, pan, tortitas, arepas o huevos.
2 El colegio termina a las seis en Venezuela y los jóvenes vuelven a casa.
3 El colegio empieza a las doce y media, entonces sobre las once y media los jóvenes se preparan para las clases. El 96% de los estudiantes van al colegio a pie.
4 En casa, sobre las siete, los jóvenes hacen las tareas.
5 En Venezuela normalmente los jóvenes se levantan a las seis para empezar el día, aunque el colegio no empieza hasta las doce y media.
6 Es típico acostarse sobre las diez.
7 Muchos padres trabajan hasta muy tarde, así que los jóvenes cenan después de las ocho con su familia.
8 Por la mañana los jóvenes tienen que ayudar en casa. Un joven podría: cuidar de los animales, limpiar la casa, o tener un trabajo de medio tiempo, por ejemplo, en un negocio familiar.
9 Sobre las diez y media de la mañana, el trabajo termina y los jóvenes se relajan un poco.

2 **¿Cómo se dice en español? Busca en el texto de la Actividad 1.**
How do you say it in Spanish? Find in the text in Activity 1.

1 it's typical
2 around seven o'clock
3 although school doesn't start until half-past twelve
4 on foot
5 they work until very late
6 a family business
7 they relax a little
8 to have a part-time job

3 **Escucha el día típico de Alba. Completa las frases.**
Listen to Alba talking about a typical day. Complete the sentences.
1 la peluquería de su tía.

1 Alba trabaja en …
2 Sale de casa a …
3 Va al trabajo en …
4 En el trabajo tiene que cortar y …
5 Le encanta su trabajo porque es …
6 En el futuro le gustaría tener …

Otra vez

A ampliar

1 Escucha y contesta las preguntas. (1–2)
Listen and answer the questions.

1 Where does Juan work?
2 What hours does he work?
3 How does he get there?
4 What does he think of his working hours?

5 How does Elisa earn money? Give two details.
6 How much does she earn?
7 What does she do after school sometimes?

2 Elige un trabajo adecuado para cada persona.
Choose a suitable job for each person.

> ayudante en un club de vacaciones   diseñador de videojuegos
> peluquero canino   profesor particular de matemáticas
> mecánico   voluntariado médico

Mateo

Soy un chico responsable y muy organizado. Soy bastante inteligente y puedo trabajar todos los días después del colegio. Me gusta ayudar a otros jóvenes y tengo experiencia porque siempre ayudo en el club de tareas los jueves.

Soy extroverdida y tengo mucha energía. También me gusta trabajar con niños. Me encantan los deportes y en septiembre voy a ir a la universidad. Busco un trabajo durante el verano.

Elena

Marcos

Soy muy creativo y paciente. También me encantan los animales. Me gustaría obtener más experiencia con animales porque de mayor quiero ser veterinario. Estoy disponible todos los fines de semana.

A mí me gustaría conseguir experiencia en un hospital porque en el futuro voy a ser médica. Siempre tengo muy buenas notas – las más altas en biología y química. Tengo planeado especializarme en gente mayor.

Josefina

3 ¿Qué quieres hacer en el futuro? Habla con tu compañero/a.
What do you want to do in the future? Talk to your partner.

> arquitecto – Colombia – diseñar edificios

> profesor – México – estudiar mucho

> ingeniero – Venezuela – ir a la universidad

> cantante – Estados Unidos – creativo, extrovertido

> médico – Argentina – ambicioso, comprensivo

> Me gustaría ser arquitecto. Quiero vivir en Colombia. Voy a diseñar edificios.

Talk about your routine

Describe daily routine activities

Describe someone else's routine.
Say what time I do things
Say what I generally/sometimes do

*Por la mañana, me despierto y tomo
el desayuno.*
Mi padre se levanta a las cinco y media.
Regreso a casa a las seis de la tarde.
Normalmente/A veces veo la tele.

Talk about the jobs people do

Say what job someone does
Say where they work
Say how they get there
Ask what job someone does
Ask someone about their routine

Trabaja como enfermero.
Trabaja en un hospital.
Va en carro o a pie.
¿En qué trabajas?
¿A qué hora regresas a casa?

Talk about what I do in my job

Say if I like my job
Say why I like my job
Say why I don't like my job

Say what I think about my job
Describe what I do
Say the hours/days I work

Me gusta mi trabajo.
Me gusta trabajar en equipo.
*Siempre estoy muy cansado después
del trabajo.*
Creo que mi trabajo es interesante.
Tengo que servir a los clientes.
Trabajo desde las dos hasta medianoche.
Trabajo los sábados y domingos.

Talk about looking for work

Say what job I want
Say how many hours I want to work
Say when I want to work
Understand a job advert
Describe my qualities
Say what subjects I'm good at

Say how much I earn

Quiero un trabajo de medio tiempo.
Quiero trabajar cuatro horas al día.
Quiero trabajar los sábados.
Se busca joven honesto con experiencia.
Soy trabajadora y responsable.
Soy bueno/a en matemáticas.
Tengo buenas notas en español.
Gano diez dólares por hora.

Talk about future plans

Say what I want to be
Say where I want to work
Say what I'm going to do
Say what I'm going to be
Say why I want to do a job
Say what I'd like to do
Ask someone what they want to be
Ask someone where they'd like
to work
Ask someone about their job

Quiero ser actor.
Quiero trabajar en Estados Unidos.
Voy a ir a la universidad.
Voy a ser actor.
Voy a ser piloto porque me interesa viajar.
Me gustaría viajar por el mundo.
¿Qué quieres ser en el futuro?
¿Dónde te gustaría trabajar?

¿Por qué quieres ser arquitecto?
¿Qué vas a hacer en tu trabajo?

Palabras y frases – Unidad 1

Trabajo como … / I work as a …

abogado/a	lawyer
actor/actriz	actor/actress
arquitecto/a	architect
bombero/a	firefighter
cantante	singer
carpintero/a	carpenter
cocinero/a	cook, chef
dentista	dentist
diseñador(a)	designer
electricista	electrician
empleado/a	employee
enfermero/a	nurse
futbolista	footballer
granjero/a	farmer
hombre/mujer de negocios	businessman/woman
ingeniero/a	engineer
jefe/a	boss
mecánico/a	mechanic
médico/a	doctor
mesero/a	waiter/waitress
peluquero/a	hairdresser
piloto	pilot
profesor(a)	teacher
programador(a)	programmer
recepcionista	receptionist
vendedor(a)	shop assistant
el salario	salary
ganar	to earn
se busca	looking for, wanted

Trabajo en … / I work in/at …

un avión	a plane
un colegio	a school
un garaje	a garage
un hospital	a hospital
un hotel	a hotel
una línea aérea	an airline
una oficina	an office
una peluquería	a hairdresser's
un restaurante	a restaurant
un taller	a workshop
una tienda	a shop
una universidad	a university

Los días / Days

lunes	Monday
martes	Tuesday
miércoles	Wednesday
jueves	Thursday
viernes	Friday
sábado	Saturday
domingo	Sunday
los lunes	on Mondays

Las horas y los horarios / Times and timetables

(las cinco) y cuarto	quarter past (five)
(las seis) y media	half past (six)
(las siete) menos cuarto	quarter to (seven)
a la una	at one o'clock
a las (dos)	at (two) o'clock
a mediodía	at midday
a medianoche	at midnight
¿A qué hora …?	What time …?
cada	each
de lunes a viernes	(from) Monday to Friday
desde (la una) hasta (las dos)	from (one o'clock) until (two o'clock)
los fines de semana	at the weekend
por la mañana/tarde	in the morning/afternoon
por la noche	in the evening, at night

Las expresiones de tiempo / Time expressions

a veces	sometimes
después	after
entonces	then, so
generalmente/en general	generally
luego	then
normalmente	normally
primero	first
siempre	always
todos los días	every day

¿Cómo vas al trabajo? / How do you go to work?

Tomo el/la …	I catch the …
Viajo en …	I travel by …
Voy a pie.	I walk/go on foot.
Voy en …	I go by …
bus	bus
bicicleta	bike
carro	car
metro	metro
moto	motorbike
taxi	taxi
tren	train

La rutina diaria / Daily routine

acostarse	to go to bed
bañarse	to shower/have a bath
comer	to eat
dar de comer a …	to feed …
despertarse	to wake up
dormir	to sleep
hacer la tarea/las tareas	to do homework
hacer los quehaceres	to do housework
duermo	I sleep
ir al colegio	to go to school

lavarse	to wash		
lavarse los dientes	to brush your teeth		
levantarse	to get up		
llegar al trabajo	to arrive at work		
mirar/ver la televisión	to watch TV		
preparar la comida	to make lunch		
regresar a casa	to go home		
salir	to go out		
tomar el desayuno	to have breakfast		

Tengo que … / I have to …

apuntar	note down
ayudar	help
contestar	answer, reply
corregir	mark
cortar el pasto	cut the grass
cuidar de	look after
dar los boletos	give tickets
escribir	write
enseñar	teach
estudiar	study
hacer	do
lavar	wash
limpiar	clean
mandar correos electrónicos	send emails
manejar	drive
pasear al perro	walk the dog
pilotar	fly
poner/quitar la mesa	lay/clear the table
repartir	deliver
responder a	reply to
sacar la basura	take out the rubbish
servir a los clientes	serve customers
¿Qué haces en tu trabajo?	What do you do in your job?
Trabajo en equipo.	I work in a team.
Viajo al extranjero	I travel abroad.

Las opiniones / Opiniones

Estoy cansado/a.	I'm tired.
Estoy estresado/a.	I'm stressed.
Estoy ocupado/a.	I'm busy.
me encanta	I love
me gusta	I like
no me gusta	I don't like
me interesa/importa …	I'm interested in …
odio	I hate
Creo que …	I believe that …
En mi opinión …	In my opinion …
Pienso que …	I think that …
aburrido/a	boring
creativo/a	creative
diferente	different
divertido/a	fun
exigente	demanding
individual	individual

Las cualidades / Qualities

ambicioso/a	ambitious
activo/a	active
agradable	nice
amable	kind
buen sentido de humor	good sense of humour
comprensivo/a	understanding
con buena presencia	presentable, smart appearance
en buena forma	in good shape
extrovertido/a	extrovert
honesto/a	honest
gracioso/a	funny
hablador/a	talkative
inteligente	intelligent
mandón/mandona	bossy
organizado/a	organised
responsable	responsible
sensible	sensitive
simpático/a	nice
sociable	sociable
trabajador(a)	hard working
tranquilo/a	calm
valiente	brave
tener imaginación	to have imagination
tener energía	to have energy
bastante	quite, enough
un poco	a bit
Soy bueno/a en …	I'm good at …
Tengo buenas notas en …	I have good grades in …

En el futuro / In the future

Quiero ser (piloto).	I want to be (a pilot).
Quiero trabajar en el extranjero.	I want to work abroad.
Me gustaría ser (futbolista).	I'd like to be (a footballer).
Me interesa estudiar ciencias.	I'm interested in studying sciences.
Voy a ir a la universidad.	I'm going to go to university.
Voy a tomarme un año libre.	I'm going to take a gap year.

¿QUÉ TE pasa?

- Say what hurts
- Give an excuse
- Use *me duele(n)*

2.1 Me duele el estómago

1 ¿Qué le duele? Escucha y escribe las letras. (1–6)
What hurts? Listen and write the letters.

17

1 b

¿Qué te pasa?

a — la pierna
b — el cuello
c — la cabeza
d — las manos
e — los dedos del pie
f — el brazo

2 Copia y completa el cuadro.
Copy and complete the table.

~~cabeza~~	ojos	dientes	garganta
estómago	oídos	cuello	espalda
rodilla	dedos	brazo	orejas
mano	dedos del pie	pie	pierna

me duele	me duelen
la cabeza	

Gramática

doler is an unusual verb. The subject (the person who feels the pain) is shown by an indirect object pronoun (*me, te, le*, etc.). The verb agrees with the thing that hurts (hand, legs, etc.). (Which verb does this remind you of?)

Me duele la cabeza.	My head hurts.
Te duele la espalda.	Your back hurts.
Le duele el brazo.	His/Her arm hurts.
Me duelen los pies.	My feet hurt.

3 Trabaja en grupo. Usa mímica para decir lo que te duele.
Work in groups. Mime what hurts.

¿Te duele la cabeza?　　Sí, me duele la cabeza.

When you learn grammar rules, highlight them using a different colour, like the blue in the Gramática box. You'll be able to picture the colour and so it will be easier to remember.

4 ¿Qué le duele? Empareja las frases con las fotos.

What hurts? Match the sentences and the photos.

1 d

> ¿Qué le duele?

1 Corro mucho y a veces me duele el muslo.
2 ¡El perrito me mordió! Ay, me duele el tobillo.
3 Tengo tos y me duele mucho el pecho.
4 Me duele el hombro porque juego al básquetbol demasiado.
5 ¡La puerta se cerró con el viento! ¡Me duele el pulgar!

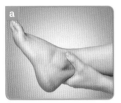    

5 Escucha. ¿Quiénes hablan? ¿Dónde están? ¿Qúe hacen?

Listen. Who's talking? Where are they? What are they doing?

6 Escucha otra vez. Contesta las preguntas.

Listen again. Answer the questions.

1 ¿A quién le duele el dedo del pie?
2 ¿A quién le duele la espalda?
3 ¿A quién le duele el hombro?
4 ¿Quién está cansado?
5 ¿Quién se siente muy enérgetico?
6 ¿Quiénes deciden hacer boogie boarding de nuevo?

> In Activity 5, you will be listening for gist understanding. This means you are trying to work out the main idea and the context. Knowing this information will help you work out the details when you listen again.

7 Escribe las palabras que faltan.

Write the missing words.

| le | ~~cabeza~~ | me | cansada | energía |
| duelen | pies | duele |

1 cabeza

Alberto no quiere ir al cine hoy porque le duele la (1) _____. Su amigo Marcos no puede ir porque (2) _____ duele mucho el estómago. Su amiga Alicia está muy (3) _____. A Carolina le (4) _____ los (5) _____ porque ella siempre camina mucho. A Juan José le (6) _____ el hombro y no tiene mucha (7) _____. Yo practico deportes todos los días y hoy (8) _____ duele mucho todo el cuerpo.

> **Gramática**
> Use ¿Qué ... pasa? to ask what's wrong. In this structure, *pasar* behaves the same way as *doler* – the verb form remains the same and the pronouns change. As with *doler,* when you mention someone by name, you add *a* before the name.
>
> ¿Qué *te* pasa? – Me duele el dedo.
> ¿Qué *le* pasa *a* Aurelia? – Está cansada hoy.

8 Túrnate en grupo. Haz una cadena.

Take turns in groups. Make a chain.

Me duele el tobillo. Me duele el tobillo y me duelen los pies.

9 **Lee el chat. Contesta las preguntas.**
Read the chat. Answer the questions.

 Luna ¡Es viernes! Estoy aburrida ¿Vamos al cine? 😆

 AnaConda Lo siento pero hoy no puedo ir.

 Luna ¿Por qué? ¿Qué te pasa?

AnaConda Me duele un poco el estómago. 🤢

 Luna ¡Qué molesto! Quiero ver la película nueva de horror. 😒

 AnaConda ¿Y tu hermana?

 Luna Mi hermana no puede ir porque le duele la garganta y la cabeza también.

 AnaConda ¿Vamos mañana? Es sábado. Quiero ver una comedia.

 Luna No puedo, tengo que cuidar de mi hermanito mañana. ¡Qué molesto!

 AnaConda

 Luna Bueno. ¡Que te mejores!

1 Who has to take care of her little brother?
2 Whose stomach hurts?
3 Who wants to watch a comedy?
4 Who is bored and wants to go to the movies?
5 Who can't go out on Saturday?
6 Whose sister has a headache?

10 **Escribe las palabras que faltan.**
Write the missing words.

te	me	~~puedes~~	ir	ojos
puedo	duelen	podemos		

1 Puedes

- ¿(1) _____ ir a la playa después del colegio?
- No. Hoy no (2) _____.
- ¿Qué (3) _____ pasa?
- (4) _____ duele mucho el tobillo.
- ¿Y tú, Alejandra?
- No puedo (5) _____ a la playa hoy.
  Me (6) _____ un poco los (7) _____.
- Bueno. ¡Que te mejores pronto!
- ¿(8) _____ ir mañana?
- ¡Vale!

> **Gramática**
> *poder* is followed by the infinitive. It is a stem-changing verb.
>
> *puedo*   I
> *puedes*   you (sing)
> *puede*   he/she
> *podemos*   we
> *pueden*   you (pl)/they
> *Puedo jugar al voleibol.*
> I can play volleyball.
> *No puede jugar al fútbol.*
> He can't play football.

> *¡Qué mal!*
> That's a nuisance!
> *¡Cuídate!*
> Take care of yourself.
> *¡Que te mejores pronto!*
> Get well soon!

11 **Habla con tu compañero/a. Adapta la conversación de la Actividad 10.**
Talk to your partner. Adapt the conversation in Activity 10.

> ¿Quieres ir al centro comercial mañana?

> No puedo.

12 Lee las descripciones. ¿Quién es?
Read the descriptions. Who is it?

Mario 3

Estoy ocupado todo el tiempo. El trabajo de un médico cirujano es bueno pero difícil: muchas veces trabajo dos turnos y no puedo dormir lo suficiente. Me duele la cabeza con frecuencia y no puedo hacer actividades con mi familia y amigos. **Mario**

Soy muy activo y me fascina estar en buena forma. Hago ejercicio todos los días. Para mí también es importante dormir mucho y comer bien. A veces no puedo jugar con mi equipo porque me duelen mucho los muslos después de una práctica. **David**

Trabajo en una tienda en el aeropuerto. Me encanta mi trabajo porque me gusta hablar con personas de lugares diferentes. Camino mucho en la tienda y me duelen mucho los pies. No puedo caminar a casa y tengo que ir a casa en taxi. **Camila**

Me encanta mi trabajo. Trabajo en una granja grande con muchos animales, plantas y árboles frutales. Cuando paso mucho tiempo al sol a veces tengo una insolación. No puedo ir al mercado para vender las frutas y las verduras frescas. **Eduardo**

Tengo un trabajo bastante interesante y divertido, pero no es muy activo. Trabajo en casa con tecnología. Trabajo en la computadora muchas horas todos los días. Es un problema porque no puedo hacer ejercicio y casi siempre me duele la espalda. **Brian Xavier**

13 Lee las descripciones otra vez. Contesta las preguntas para cada persona.
Read the descriptions again. Answer the questions for each person.
a ¿Qué le pasa?
b ¿Qué no puede hacer?

14 Escribe un correo electrónico a tu amigo/a para explicar por qué no puedes ir a su fiesta de cumpleaños.
Write an email to your friend explaining why you can't go to his/her birthday party.

2.2 En la farmacia

- Say what's wrong with me
- Say how long I've been ill
- Use demonstrative adjectives

1 Empareja las personas con sus problemas. Escucha y comprueba. (1–6)

Match the people to their ailments. Listen and check.

1 b

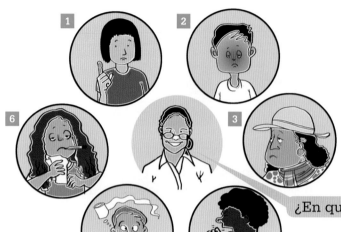

¿En qué puedo ayudarle?

a Tengo gripe y fiebre. **b** Tengo una picadura. **c** Tengo diarrea.

d Estoy resfriada. **e** Tengo tos. **f** Tengo una insolación.

2 Escribe una frase para cada persona de la Actividad 1.

Write a sentence for each of the people in Activity 1.

1 Tiene una picadura.

3 Escucha otra vez. Escribe los síntomas de cada persona. (1–6)

Listen again. Write each person's symptoms.

1 Le duele el dedo.

4 Escribe las palabras que faltan.

Write the missing words.

| ~~tiene~~ | roto | insolación | fiebre |
| gripe | duele | le | garganta |

1 tiene

> Hoy hay varios compañeros de clase ausentes. Miguel no está porque
> (1) _____ gripe y le duele la (2) _____. A Silvia le encanta
> ir a la playa y hoy tiene una (3) _____. Samuel tiene el tobillo
> (4) _____ y le duele mucho. Javi tiene mucha (5) _____ y
> no puede dormir bien. A Maricruz (6) _____ duele la cabeza. ¡Y la
> profesora no está porque tiene (7) _____. ¡Tiene mucho calor y le
> (8) _____ todo el cuerpo!

Gramática

Use *tener* to talk about ailments and injuries. Remember it is a stem-changing verb.

tengo	I
tienes	you (sing)
tiene	he/she
tenemos	we
tienen	you (pl)/they

Note when the article is used/not used.

Tiene el brazo roto y la pierna rota.
Tengo dolor de cabeza.
Tengo una insolación.
Tengo tos.

5 Lee la conversación. Contesta las preguntas.
Read the conversation. Answer the questions.

Amelia: Tengo tos y me siento muy cansada.	**Amelia:** No, la garganta no me duele pero tengo dolor de oído.
Susana: ¿Cuánto hace que tienes tos?	**Susana:** ¡Uy! ¡Qué molesto!
Amelia: Hace una semana que tengo tos y no me siento bien.	**Amelia:** No puedo oír muy bien.
Susana: ¿Y te duele la garganta?	**Susana:** ¿Tienes dolor de cabeza?
	Amelia: Hace dos días que me duele la cabeza un poco.
	Susana: Bueno. ¡Que te mejores!

1 What's the matter with Amelia?
2 How long has she had a cough?
3 What other symptoms does she have?
4 Does she have a sore throat?
5 Does she have a bad headache?
6 How long has she had a headache?

6 Escucha. Contesta las preguntas para cada persona. (1–5)
20
Listen. Answer the questions for each person.
a ¿Qué le pasa?
b ¿Hace cuánto tiempo ya?

7 ¿Hace cuánto que te duele …? Mira las imágenes y escribe una frase.
How long has your … hurt? Look at the pictures and write a sentence.
1 Hace una semana que me duele la rodilla.

Gramática

Use *¿Cuánto hace que … ?* or *¿Hace cuánto que … ?* + present tense to ask how long something has been going on.

¿Cuánto hace que te duele el dedo? How long has your finger been hurting?

To respond, use *hace … que* + present tense.

Hace dos días que le duelen los ojos. His eyes have been hurting for two days.

Hace tiempo ya que tengo tos. I've had a cough for a while now.

---

una semana

dos semanas

cinco días

dos horas

un día

mucho tiempo

8 Habla con tu compañero/a.
Talk to your partner.

thumb – 3 days

legs – a week

shoulder – 1 day

flu – 4 days

cold – 5 days

Me duele el pulgar.

¿Cuánto hace que te duele?

Hace tres días que me duele.

9 **Escucha y escribe las letras. (1–6)**
Listen and write the letters.

1 e

una caja de aspirinas

una botella de jarabe

un tubo de crema

unas curitas

unas gotas

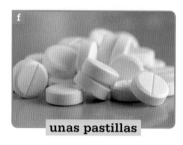
unas pastillas

10 **Lee la conversación. ¿Qué le pasa? ¿Qué le recomienda la farmacéutica?**
Read the conversation. What's wrong? What does the pharmacist recommend?

- Buenas tardes. ¿Qué necesita?
- ¿Tiene algo para la gripe?
- A ver, ¿tiene fiebre?
- Sí, hace dos días que tengo fiebre y me duele mucho la garganta.
- Le recomiendo estas pastillas para la fiebre y este jarabe para la garganta. ¡Y a la cama!
- Muchas gracias.

11 **Escucha las conversaciones. Contesta las preguntas para cada persona. (1–6)**
Listen to the conversations. Answer the questions for each person.
a ¿Qué problema tiene?
b ¿Qué le recomienda?

12 **Habla con tu compañero/a.**
Talk to your partner.

Me duele la garganta. ¿Qué me recomiendas?

Te recomiendo este jarabe.

> Always read the questions carefully before a listening task. What type of language do you need to listen for here?

Gramática

The words for 'this' and 'these' in Spanish agree with the noun they accompany in gender and number.

	masculine	feminine
this	este	esta
these	estos	estas

Me duele **este** dedo.
Me duele **esta** rodilla.
Me duelen **estos** dientes.

¡Nota!

Remember the formal form is used for adults you don't know or who are in a position of authority.
¿En qué puedo ayudarle?
Le recomiendo esta crema.
¿Hace cuánto que tiene fiebre?
¿Qué le duele?

13 **Lee las descripciones. Identifica los problemas y busca soluciones.**

Read the descriptions. Identify the problems and find solutions.

1 Le duelen los pies. Le recomiendo trabajar solo un turno.

Problemas	Le recomiendo ...
Está muy cansado/a.	beber líquidos y usar esta crema.
Tiene dolor de cabeza.	tomar estas aspirinas.
Tiene una insolación.	trabajar solo un turno.
Le duelen los pies.	descansar y dormir más.
No tiene energía.	comer más sano.

1

> Soy enfermera y trabajo en la farmacia de un hospital muy grande. A veces trabajo el turno de la mañana y el de la noche también. Camino mucho por el hospital y a veces ...

2

> Ser bombero es un trabajo difícil pero me encanta porque me gusta ayudar a las personas. Trabajo de ocho a diez horas y es un trabajo muy físico. Con frecuencia ...

3

> El martes es mi día favorito porque juego al críquet con el equipo de mi escuela. Pero hoy no puedo jugar porque me duele ...

4

> Nunca quiero hacer deporte con mis amigos. Como demasiada comida grasienta y muchos dulces. No es muy saludable y ...

5

> Me encanta la playa pero hoy hace mucho calor y no me siento bien. Voy a ir a la farmacia ...

14 **Escribe las palabras que faltan.**

Write the missing words.

> dolor   jarabe   tiene   aspirinas
> duele   ~~ayudarle~~   recomiendo   hace

1 ayudarle

- ¡Buenas tardes! ¿En qué puedo (1) _____?
- Es mi hijo. (2) _____ mucha fiebre. Y también tiene tos.
- ¿Cuánto (3) _____ que tiene fiebre?
- Hace dos días ya que tiene fiebre.
- ¿Y tiene (4) _____ de cabeza?
- Si, le (5) _____ la cabeza.
- Bueno. Le (6) _____ este (7) _____ para la tos. Es especial para niños.

15 **Imagina que tienes una enfermedad o herida. Túrnate con tu compañero/a.**

Imagine you have an illness or an injury. Take turns with your partner.

¿Qué te pasa?	Tengo dolor de (estómago). Tengo (fiebre).
¿Cuánto hace que ...?	Hace ...
¿Tienes otros síntomas?	También me duele (el pecho). Me duelen (las piernas).
Te recomiendo ...	

¿Qué te pasa?   Tengo fiebre.

2.3 Una visita al médico

● Describe my symptoms
● Respond to instructions and advice
● Use the imperative

1 Empareja las descripciones con las personas.

Match the descriptions and the people.

1 c

Raimundo

Portia

Miguel

Shirley

Tomasito

María

Señora Doshi

Eduardo

1 Trabajo en una construcción y no puedo trabajar porque me siento muy cansado todo el tiempo. Me duele todo el cuerpo.

2 Nunca como desayuno porque no tengo tiempo. Hoy no sé qué me pasa. Estoy mareada y no me siento bien. No puedo leer y tengo que terminar mis tareas.

3 Me duele mucho el pecho y toso mucho durante la práctica de fútbol. No puedo correr ni practicar con el equipo.

4 En el banco muchas personas tienen gripe. Hace días que me siento enfermo. Estoy mal todo el día y no tengo energía.

5 No me siento bien. Tengo frío todo el tiempo. Tengo fiebre desde hace dos días.

6 Me duele mucho aquí y está muy hinchado. Pienso que tengo un esguince de tobillo.

7 ¡Ay, ay…! No puedo mover el dedo. Está hinchado y muy rojo.

8 No puedo cocinar o hacer nada con esta mano. ¿Está rota la muñeca?

2 ¿Cómo se dice en español? Busca en los textos de la Actividad 1.

How do you say it in Spanish? Find in the texts in Activity 1.

1 I feel cold.
2 I feel sick.
3 I feel very tired.
4 I have a sprained ankle.
5 Is my wrist broken?
6 I'm dizzy.
7 I'm coughing a lot.
8 I can't move my finger.

> To work out new language, focus on what you *do* know. For example, in text 8, you don't know *muñeca* – but can you work it out from *mano*?

3 Escucha y comprueba. Escucha otra vez y repite. (1–8)

23

Listen and check. Listen again and repeat.

4 Mira las imágenes de la Actividad 1. Lee las frases y escribe V (verdadero) o F (falso).

Look at the pictures in Activity 1. Read the sentences and write V (true) or F (false).

1 F

1 Eduardo tiene una muñeca rota.
2 Raimundo se siente enfermo.
3 Shirley está mareada.
4 La señora Doshi tiene frío.
5 Tomasito tiene tos.
6 Portia tiene un esguince de tobillo.

5 Imagina que eres un médico y escribe lo que necesita cada persona.

Imagine you're a doctor and write what each person needs.

Raimundo tiene gripe. Necesita tomar aspirinas y dormir mucho.

6 Escucha y completa las instrucciones. (1–5)

24

Listen and complete the instructions.

1 Lleve esta receta a la farmacia y tome _____ cucharadas de jarabe _____ veces al día.
2 Tome dos _____ para el dolor cada seis _____.
3 Quédese en _____ por tres días, y beba muchos _____.
4 Póngase una _____ en la herida _____ veces al día.
5 Tome dos _____ todas las mañanas _____ del desayuno.

7 Escucha. Escribe las letras. (1–6)

25

Listen. Write the letters.

1 d

8 Escucha otra vez. Escribe los consejos. (1–6)

25

Listen again. Write the advice.

1 take 1 pill three times a day

Gramática

No article is used with the body part after **esguince**.
Tengo un esguince de pulgar.
I have a sprained thumb.

Gramática

The imperative is used to give an instruction or make a request.

tom**ar** tom**a** tom**e** (formal)
beb**er** beb**e** beb**a** (formal)
abr**ir** abr**e** abr**a** (formal)
*Tom**e** dos aspirinas.*
*Beb**a** mucho líquido.*
*Abr**a** la ventana.*

Irregular imperatives useful for this topic include:
dormir   duerme   duerma
ir   ve   vaya
ponerse   ponte   póngase

Gramática

You can use *antes de* and *despúes de* followed by an infinitive to refer to an activity.
Tome dos aspirinas antes de dormir.
Take two aspirin before going to sleep.
Beba agua después de hacer ejercicio.
Drink water after exercising.

¡Nota!

vez/veces is followed by *a* + the definite article. Note that *a* + *el* changes to *al*.
Tome dos aspirinas cuatro veces al día.

9 Lee la conversación y contesta las preguntas.
Read the conversation and answer the questions.

> **Doctor:** ¿Qué le pasa?
> **Felipe:** Me siento muy cansado todo el tiempo.
> **Doctor:** Vaya a la farmacia y compre estas vitaminas.
> **Felipe:** No tengo energía. No puedo trabajar.
> **Doctor:** Tómelas dos veces al día antes de comer.
> **Felipe:** A veces no puedo dormir bien.
> **Doctor:** Coma mucha fruta y duerma ocho horas todos los días.

1 What's the matter with Felipe?
2 What medication does the doctor recommend?
3 How often should he take the medication?
4 Where should he go to buy the medication?
5 What else does the doctor recommend?
6 What other symptoms does Felipe have?

10 Completa las frases con los verbos apropiados en el imperativo formal.
Complete the sentences with the appropriate verbs in the formal imperative form.

| ir | ponerse | beber | ~~tomar~~ | comer | dormir |

1 Tome

1 _____ dos aspirinas.
2 _____ al hospital.
3 _____ ocho horas todas las noches.

4 _____ mucha agua.
5 _____ fruta y verduras.
6 _____ una curita limpia todas las mañanas.

11 Lee los problemas. Escribe un consejo para cada uno.
Read the problems. Write advice for each one.

> Tengo mucho calor porque tengo una insolación. Me siento muy mal.

> Vaya a la farmacia y compre una crema. Póngasela dos veces al día.

1
> Tengo asma y no puedo respirar. Me duele mucho el pecho.

2
> Tengo una picadura de escorpión. Me duelen los dedos, la mano y el hombro.

3
> Soy recepcionista y paso mucho tiempo en la oficina. Me duele la espalda todo el tiempo. No puedo dormir bien.

Gramática

Pronouns agree with the noun they replace. They are added to the end of imperatives. An accent is added to keep the stress in the same place.
Tome el jarabe. Tómelo.
Compre los tubos. Cómprelos.
Tome la aspirina. Tómela.
Tome las pastillas. Tómelas.

12 **Escucha la conversación. Elige las palabras correctas.**

Listen to the conversation. Choose the correct words.

1 enferma

1 La señora va al médico porque se siente **mareada / muy cansada / enferma**.
2 El doctor le recomienda tomar **aspirinas / vitaminas / pastillas**.
3 La señora debe tomarlas **con el almuerzo / con la cena / dos veces al día**.
4 Debe tomar el jarabe **tres veces / una vez / dos veces** al día.
5 El doctor le recomienda **hacer / beber / comer** mucho.

13 **Escribe el imperativo formal del verbo con el pronombre directo correcto.**

Write the formal imperative form of the verb with the correct pronoun.

1 tómelas

1 tomar – las aspirinas
2 comer – la fruta
3 beber – los líquidos
4 usar – la crema
5 respirar – el aire
6 ponerse – las curitas

14 **Escribe más frases con *tomar/usar* y el pronombre directo.**

Write more sentences with tomar/usar and the direct pronoun.

1 Tómelas tres veces al día.

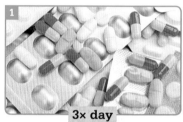
3× day

1× day

every morning

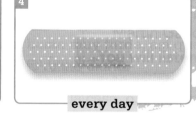
every day

15 **Empareja las frases.**

Match to make sentences.

1 Mi abuelita está
2 Tengo que ir a la farmacia para
3 No puedo salir porque tengo
4 ¿Cuánto hace
5 Le duele muchísimo
6 El médico piensa que la mano
7 ¿Las curitas?
8 Tómelos una vez

a comprar un jarabe.
b la espalda hoy.
c al día después de comer.
d Cómprelas en el supermercado.
e demasiado cansada.
f que estás mareado?
g está rota.
h un esguince de tobillo.

16 **Trabaja con tu compañero/a. Haz una conversación.**

Work with your partner. Make up a conversation.

¿Qué le pasa?

¿Hace cuánto que …?

Le recomiendo …

2.4 ¿Comes bien?

- Talk about healthy eating
- Identify healthy routines
- Use *deber*

1 ¿Sano o malsano? Categoriza las comidas y bebidas.
Healthy or unhealthy? Categorise the food and drinks.

fruta	agua	papas fritas	jugo	soda	pescado
verduras	galletas	pollo	ensalada	leche	dulces

sano	malsano
fruta	

2 ¿Comes sano o necesitas hacer cambios? Haz el sondeo y descúbrelo
Do you eat healthily or do you need to make some changes? Do the quiz and find out.

 ¿Tienes una dieta sana?

1 Desayunas
  a una galleta
  b cereales con leche
  c nada

2 Almuerzas
  a comida grasienta
  b verduras con pollo o pescado
  c carne roja

3 Meriendas
  a fruta nutritiva
  b dulces
  c un sándwich rico

4 Cenas
  a pasta con queso
  b arroz con pollo o pescado
  c comida rápida

5 Comes comida chatarra
  a dos o tres veces a la semana
  b una vez a la semana
  c una vez al mes

6 Bebes
  a batido de chocolate
  b agua
  c soda

Compara tus resultados con los de tus compañeros.

más de 10: supersano; 8–10: sano; 5–8: poco sano; menos de 5: malsano

1 a1b2c0 2 a0b2c1 3 a2b0c1 4 a1b2c0 5 a0b1c2 6 a1b2c0

3 ¿Cómo se dice en español? Busca en el sondeo de la Actividad 2.
How do you say it in Spanish? Find in the quiz in Activity 2.
1 la comida rápida

1 fast food
2 healthy
3 fatty foods
4 junk food
5 nutritious
6 vegetables
7 delicious
8 sweets

4 Trabaja en grupo. Haz un sondeo de las dietas de cada uno y presenta las opciones sanas a la clase.
Work in groups. Do a survey of each other's diets and present the healthy options to the class.

Desayuno	Almuerzo	Merienda	Cena
cereales			

5 Escribe las palabras que faltan.

Write the missing words.

activa	~~sana~~	pescado	yogur
ricas	grasienta	nutritiva	huevo

1 sana

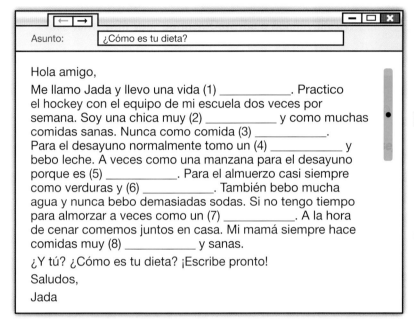

Asunto: ¿Cómo es tu dieta?

Hola amigo,

Me llamo Jada y llevo una vida (1) _____. Practico el hockey con el equipo de mi escuela dos veces por semana. Soy una chica muy (2) _____ y como muchas comidas sanas. Nunca como comida (3) _____.
Para el desayuno normalmente tomo un (4) _____ y bebo leche. A veces como una manzana para el desayuno porque es (5) _____. Para el almuerzo casi siempre como verduras y (6) _____. También bebo mucha agua y nunca bebo demasiadas sodas. Si no tengo tiempo para almorzar a veces como un (7) _____. A la hora de cenar comemos juntos en casa. Mi mamá siempre hace comidas muy (8) _____ y sanas.

¿Y tú? ¿Cómo es tu dieta? ¡Escribe pronto!
Saludos,
Jada

6 Empareja las frases.

Match to make sentences.

1 f

1	Debes comer más verduras	a	una o dos veces a la semana.
2	Es sano	b	pero no es una comida sana.
3	Solo debes comer dulces	c	para tener energía.
4	Te encanta la pizza,	d	dormir lo suficiente.
5	Debes comer comidas nutritivas	e	todos los días.
6	No debes comer carne roja	f	porque tienen muchas vitaminas.

7 Habla con tu compañero/a. Usa las comidas de la imagen y tus propias ideas.

Talk to your partner. Use the foods in the picture and your own ideas.

> Bebo demasiado café.

> No debes beber mucho café.
> Debes beber más agua.

¿Sabes ...?

In South America, *chucherías* is used for sweet and salty snacks: sweets, chocolates, crisps, etc.

¡Nota!

When *mucho* and *demasiado* are used as adjectives, they agree with the nouns they describe.
*much*a *frut*a
*demasiad*as *sod*as

Gramática

Use *deber* + infinitive to say what you should do.
Debes comer más fruta.
You should eat more fruit.
No *debe beber* demasiadas sodas.
He/She/You (formal) mustn't drink too many fizzy drinks.

8 **Escucha. Busca dos frases para cada persona.**
Listen. Choose two sentences for each person.
Carolina: 1, …

Carolina

Alejo

Tamara

Diego

1 Hace mucho ejercicio.
2 Debe dormir más.
3 No bebe mucha agua.
4 A veces no tiene energía porque come alimentos procesados.

5 Su comida es rica pero grasienta.
6 No come pizza muy frecuentemente.
7 Recomienda una dieta sana y beber más agua.
8 No tiene hambre a la hora de la cena.

9 **Escucha otra vez. Contesta las preguntas.**
Listen to the dialogue again. Answer the questions.
1 How often does Carolina do exercise?
2 What healthy foods does Carolina eat?
3 What unhealthy eating and drinking habits does Alejo have?
4 Why does Tamara feel tired and have stomachache in the mornings?
5 What changes does Tamara need to make?
6 What does Diego recommend?

> Use context to work out new words. What do you think *bolsa* means?

10 **Lee el artículo. Busca las frases. ¿Cómo se dice en español?**
Read the article. Find the phrases. How do you say them in Spanish?

Para vivir una vida sana es importante tener hábitos sanos. Debes comer fruta y ensaladas todos los días. También es bueno comer pescado, huevos y otras comidas nutritivas. No es sano comer demasiados alimentos procesados y con mucha grasa. Las sodas y bebidas dulces no son sanas. Es importante beber mucha agua. Para estar sano y tener energía también es importante hacer ejercicio cuatro o cinco veces a la semana. Es fácil pasar mucho tiempo en Internet pero no es bueno. Es importante descansar y dormir lo suficiente y es útil establecer una buena rutina. Finalmente, si quieres vivir una vida sana no es bueno fumar o tomar demasiado alcohol.

1 It's good to eat …
2 It isn't healthy to eat …
3 It's important to drink …
4 It's easy to spend …
5 It's useful to establish …
6 It isn't good to drink too much …

11 Lee el artículo otra vez. Copia y completa el cuadro.
Read the article again. Copy and complete the table.

What you should eat/drink:	*fruit and salad every day,*
What you shouldn't eat/drink:	
What you should do:	
What you shouldn't do:	

12 Completa las frases de la Actividad 10 con tus propias ideas.
Complete the sentences in Activity 10 with your own ideas.
Es importante pasar el tiempo con amigos.

13 Haz un sondeo. ¿Qué es importante para ti?
Do a survey. What is important to you?

Nombre	Es importante ...	No es bueno ...
Carlos	*reír mucho*	*comer comida grasienta*

14 Escribe tus respuestas a las preguntas.
Write your own answers to the questions.

¿Qué comida sana te gusta?

¿Con qué frecuencia comes comida chatarra?

¿Cuánto ejercicio haces a la semana?

¿Cuántas horas duermes cada noche?

15 Túrnate con tu compañero/a. Usa tus respuestas de la Actividad 14.
Take turns with your partner. Use your replies from Activity 14 for your interview.

¿Qué comida sana te gusta?

Me gustan mucho la ensalada y la fruta.

2.5 Mi nuevo yo

- Talk about my lifestyle
- Say what I'm going to do in the future
- Use the near future tense

1 **¡Mi hermana gemela y yo! Lee. ¿Cuál soy yo?**
Me and my twin sister! Read. Which one am I?

> Soy muy estudiosa y saco buenas notas pero también me gusta el deporte. También soy parte del club ambiental de mi escuela y participamos en proyectos muy interesantes. Voy a la escuela a pie porque es bueno hacer ejercicio y a la vez es bueno para el ambiente. Soy vegetariana y no como comida chatarra pero me encantan los dulces y el chocolate.

Cindy　　　　　Camila

28

2 **Escucha y mira la imágen otra vez. Contesta las preguntas.**
Listen and look at the picture again. Answer the questions.
1 Which sister works harder at school?
2 Which sister is interested in environmental issues?
3 What does each sister do to stay active?
4 Which sister doesn't have a very healthy diet?
5 Why does one of the sisters enjoy aerobics so much?
6 Which sister likes sweets?

3 **¿En qué son diferentes las gemelas? Escribe los detalles.**
How are the twin sisters different? Write the details.
Camila estudia mucho pero Cindy …

4 **Túrnate con tu compañero/a. Describe y adivina.**
Take turns with your partner. Describe and guess.

Esta hermana saca buenas notas.　　Es Camila.

5 **Habla con tu compañero/a. Anota sus respuestas.**
Talk to your partner. Note his/her replies.

> ¿Qué ejercicio te gusta hacer?
> ¿Qué actividades haces después del colegio?
> ¿Qué comida te gusta comer?
> ¿Tienes una vida sana?

¿Qué ejercicio te gusta hacer?

Me gusta jugar al tenis a veces.

6 **¿Qué le recomiendas a tu compañero/a? Escribe.**
What do you recommend to your partner? Write.
Es importante hacer ejercicio todas las semanas.
Debes …

7 **Escucha la conversación. Lee las frases y escribe V (verdadero) o F (falso).**
Listen to the conversation. Read the sentences and write V (true) or F (false).
1 V

1 Carmen quiere establecer una rutina sana en el año nuevo.
2 Carmen va a buscar un trabajo porque quiere viajar a Estados Unidos.
3 Gerardo va a trabajar y ahorrar dinero.
4 Gerardo va a comer muchos alimentos procesados.
5 Ramón va a hacer deporte.
6 Ramón va a pasar más horas en Internet.

8 **Elige las formas correctas.**
Choose the correct forms.
1 va a

1 Carolina **va a / vas a** beber dos litros de agua al día.
2 No puedo jugar al tenis porque voy a **hace / hacer** mis tareas ahora.
3 Mi padre **va a / va** hacer una dieta nueva este año.
4 ¿Tú vas a **viaje / viajar** a Colombia para el Año Nuevo?
5 ¿Qué **vamos a / vamos** comer nosotros después de hacer ejercicio?
6 Mi hermano va a **aprender / habla** francés después de Navidad.
7 En el año nuevo, **voy a / ir a** comer una dieta más sana.
8 ¿No **voy a / vas a** hacerte vegetariano?

Gramática

When you use *me gusta/me encanta* with a verb, the verb is in the infinitive form.
¿Te gusta hacer ejercicio?
Do you like doing exercise?

When you use *me gusta/me encanta* with a noun, the verb ending depends on whether you like one thing or more than one.
Me encanta el queso.
I love cheese.
No me gustan las verduras. I don't like vegetables.

Gramática

Use *ir a* + infinitive to say what you're going to do in the near future.
Voy a trabajar en televisión.
I'm going to work in television.
¿Vas a comer más sano?
Are you going to eat more healthily?
Clariss va a aprender francés.
Clariss is going to learn French.
No voy a comer comida chatarra.
I'm not going to eat junk food.

9 Empareja las frases.

Match to make sentences.

1 d

1	Voy a visitar	**a**	un idioma nuevo.
2	Voy a dormir	**b**	voluntario en mi comunidad.
3	Voy a beber	**c**	a un club después del colegio.
4	Voy a aprender	**d**	Estados Unidos.
5	Voy a ser	**e**	dos litros de agua al día.
6	Voy a unirme	**f**	por lo menos diez horas cada noche.

10 Adapta las frases de la Actividad 9 y escribe seis resoluciones para ti.

Adapt the sentences in Activity 9 and write six resolutions for you.

1 Voy a visitar Colombia.

11 Escucha y anota las cuatro resoluciones de Mateo.

30

Listen and note Mateo's four resolutions.

He's going to …

12 Escribe las palabras que faltan.

Write the missing words.

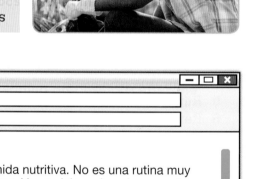

voy	año	cambiar	cada
por lo menos	nuevo	idioma	muchas

1 año

Para:	Guille@…
Asunto:	¿Cómo estas?

Hola Guille,

Ahora paso mucho tiempo en Internet y no como mucha comida nutritiva. No es una rutina muy sana. Para el (1) _____ nuevo tengo (2) _____ resoluciones. Voy a viajar a Jamaica con el equipo de natación de mi escuela. Entonces voy a aprender un (3) _____ nuevo. También (4) _____ a hacer ejercicio todos los días y voy a (5) _____ mi dieta. Para una atleta es importante comer sano y beber (6) _____ dos litros de agua cada día. También voy a dormir diez horas (7) _____ noche porque a veces no tengo mucha energía.

¿Y tú? ¿Qué resoluciones tienes para el año nuevo?

¡Mi (8) _____ yo!

---

13 Escribe un correo electrónico a un amigo/a.

Write an email to a friend.

Describe tu rutina y explica cómo la vas a cambiar para el año nuevo.

¿Cómo?	How?
¿Cuándo?	When?
¿Por qué?	Why?
¿Qué?	What?
¿Quién?	Who?

¿Qué planes tienes?
¿Qué hábitos vas a cambiar?
¿Cuáles son tus resoluciones más importantes?

14 Mira las imágenes. Escribe una resolución para cada persona.

Look at the pictures. Write a resolution for each person.

1 Voy a hacer más ejercicio.

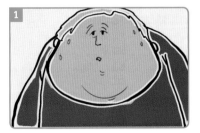

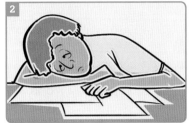

¡Matemáticas 25/100!

15 Empareja las preguntas con las respuestas.

Match the questions and answers.

1 ¿Cómo es tu rutina diaria?

2 ¿Qué planes tienes para el año nuevo?

3 ¿Qué quieres cambiar en tu dieta?

4 ¿Qué hábitos vas a cambiar?

a No duermo lo suficiente y nunca tengo energía. Voy a dormir por lo menos ocho horas todos los días y hacer ejercicio.

b Hago deportes todos los días y me gusta pasar tiempo en Internet después de clase.

c Me encantan los jugos y a veces bebo demasiados. No es saludable. Voy a beber más agua.

d Voy a aprender a tocar un instrumento y unirme al equipo de voleibol. También voy a viajar a Nueva York después de Navidad.

16 Imagina que vas a visitar a tu ídolo. Prepara unas preguntas para una entrevista.

Imagine that you're going to meet your idol. Prepare some interview questions.

¿Su estilo de vida?

¿Sus hábitos (buenos y malos)?

¿Sus resoluciones para el año nuevo?

¿Sus actividades y su rutina diaria?

¿Sus planes para el futuro?

17 Prepara las respuestas para la Actividad 16.

Prepare the answers to Activity 16.

18 Practica la entrevista con tu compañero/a. Después preséntala a la clase.

Practise the interview with your partner. Then present it to the class.

¡LOS REMEDIOS NATURALES!

Mi bisabuela tiene 93 años y nunca va al médico. Si estamos enfermos o simplemente no tenemos energía, siempre tiene algún **remedio casero** que nos puede recomendar. Sus conocimientos de las propiedades curativas de muchas de las plantas de la selva amazónica vienen de las tradiciones ancestrales de la comunidad indígena donde creció. Si tenemos tos, nos prepara un jarabe con cebolla y ajo. Para el dolor de estómago o de cabeza, usa hierbas medicinales. Incluso la humilde papa, nativa del Perú, contiene muchos minerales como potasio, **hierro**, calcio y magnesio, y vitaminas. Además de su valor alimenticio, mi bisabuela conoce usos curativos de la papa. Cuando tenemos gripe o estamos resfriados, corta unas **rodajas** de papas y nos prepara una compresa para rebajar la fiebre y eliminar las toxinas. Algunas frutas tropicales como la papaya y la piña también ayudan con la inflamación y el dolor. Es muy importante que estos remedios se pasen de generación en generación para no perder la **sabiduría** de nuestros antepasados.
María

el remedio casero	home remedy
el hierro	iron
la rodaja	slice
la sabiduría	wisdom

1 Empareja las frases.

Match the sentence halves.

1 La bisabuela de María
2 Aprendió cómo usar las plantas
3 Mezcla cebolla y ajo
4 Para rebajar la fiebre,
5 Usa las piñas
6 Cada generación

a usa papas.
b para curar la tos.
c de su comunidad nativa.
d debe pasar los remedios a sus hijos.
e sabe muchos remedios tradicionales.
f si tenemos inflamación.

LOS CULTIVOS AUTÓCTONOS

En Colombia y Venezuela y toda esta zona del Caribe, los productos **autóctonos** que forman la base de nuestra dieta son principalmente la caña de azúcar, las frutas tropicales como las papayas y las bananas, los cítricos, el maíz y el arroz. De ahí vienen nuestros platos más famosos, como las arepas, hechas de harina de maíz, y el arroz con frijoles, que se disfruta en muchos países de la zona. Tubérculos como la **yuca** y las papas también figuran bastante en nuestras comidas ya que son una **fuente** importante de **hidratos de carbono** para la energía. No podemos olvidar la producción de nuestro famoso café. Si se toma con moderación, puede ser bueno para la salud y también ayuda a **aliviar** los síntomas de algunas enfermedades. Colombia es uno de los principales exportadores mundiales de café. La combinación del clima tropical y las zonas montañosas ofrecen las condiciones perfectas para cultivar el café arábico que se conoce y disfruta en todas partes del mundo.

autóctono/a	indigenous
la yuca	cassava
la fuente	source
el hidrato de carbono	carbohydrate
aliviar	to relieve

2 Contesta las preguntas.

Answer the questions.

1 What basic crops are grown in this part of the Caribbean?
2 Which crop is used to make *arepas*?
3 Which tubers form part of the local diet?
4 What healthy properties do these tubers have?
5 How can coffee help with some conditions?
6 Why is Colombia a good area for coffee production?

Mi mundo, tu mundo

Do a class survey on home remedies that people use for various ailments. Research crops in your area that are exported to other parts of the world.

A reforzar

1 Completa las frases con las formas correctas de *doler* or *tener*.
Complete the sentences with the correct forms of doler or tener.

1 Estoy muy mal hoy. _____ mucho la cabeza.
2 No puedo jugar hoy. _____ dolor de espalda.
3 Le _____ mucho los pies porque siempre camina al trabajo.
4 Alba come muchas comidas grasientas. Siempre _____ dolor de estómago.
5 No estás bien hoy. _____ mucha fiebre.
6 Mi mamá está en cama. _____ la garganta.

2 Escribe el imperativo formal con el objeto directo.
Write the formal imperative with the direct object.

1 tómela

1 la aspirina/tomar
2 el jarabe/beber
3 las vitaminas/tomar
4 el medicamento/comprar
5 las gotas/poner
6 la crema/usar

3 Pon la conversación entre el médico y el paciente en orden.
Put the conversation between the doctor and the patient in order.

4, …

1 Me duele hace tres días ya.
2 ¿También le duele muñeca?
3 Me duele mucho el brazo.
4 ¿Qué le pasa?
5 Tómelas después de comer.
6 Sí. También tengo mucho dolor en la muñeca.
7 Gracias, doctor.
8 Tiene un esguince de muñeca. Tome estas pastillas dos veces al día.
9 ¿Hace cuánto que le duele el brazo?
10 ¿Antes o después de comer?

4 Elige las palabras correctas.
Choose the correct words.

Yo (1) **tengo / tiene** una vida muy sana. Para (2) **yo / mí** es bueno
tener hábitos sanos. (3) **Hacen / Hago** ejercicio, (4) **comer / como** bien
y generalmente (5) **duermo / dormir** ocho horas todos los días. Para
estar sano (6) **está / es** importante ser activo y comer bien. También es
bueno (7) **bebo / beber** mucha agua y tomar vitaminas. Normalmente
(8) **me / le** levanto muy temprano y (9) **vas / voy** a correr. Hoy no
(10) **puedo / puedes** porque me duele la cabeza.

A practicar

1 Empareja las frases.
Match to make sentences.

1 b

1 Para tener energía es bueno
2 Es sano hacer
3 Debes beber
4 Debes dormir
5 No es bueno comer
6 No es sano beber
7 Debes comer
8 Es importante no pasar

a por lo menos ocho horas cada noche.
b dormir bien y tener una dieta saludable.
c ejercicio varios días a la semana.
d demasiado tiempo en Internet.
e demasiados alimentos procesados.
f muchos líquidos antes de hacer ejercicio.
g más ensaladas y verduras.
h demasiadas sodas porque son muy dulces.

2 Escribe las palabras que faltan.
Write the missing words.

cabeza	aspirinas	es	tos
energía	bueno	~~siento~~	enferma

1 siento

¡Qué molesto! Hoy es mi día favorito y no me (1) _____ muy bien. Los sábados normalmente juego al tenis y voy al gimnasio. Soy una chica muy activa y para mí (2) _____ importante hacer mucho ejercicio. Pero hoy estoy bastante (3) _____. Me duele la (4) _____. También me duele la garganta y tengo mucha (5) _____. Estoy cansada y no puedo ir a la farmacia porque no tengo (6) _____. También necesito tomar unas (7) _____ para el dolor. Hoy no es un día muy (8) _____.

3 Escucha. ¿Qué planes tienen? Copia y completa el cuadro. (1–3)
Listen. What are their plans? Copy and complete the table.

	Plan	¿Por qué?
1	*Va a vivir en Estados Unidos*	

4 Lee la carta y contesta las preguntas.
Read the letter and answer the questions.

1 What is Felipe's lifestyle like?
2 How often does he exercise?
3 What's his diet like?
4 How does he plan to increase the exercise he does?
5 What are his New Year's resolutions?

¡Hola!
Me llamo Felipe y vivo en Cali. Tengo una rutina muy equilibrada. Hago ejercicio dos o tres veces por semana. Normalmente como comida sana y nutritiva en casa con mi familia pero a veces como comida rápida.
Para el año nuevo, quiero ser 'un nuevo yo'. Voy a unirme a un equipo deportivo en el colegio. Casi nunca estoy enfermo, pero a veces me siento cansado y sin energía. Mi resolución para este año nuevo: voy a vivir una vida sana, reír mucho y ser muy feliz.

A ampliar

1 Trabaja con tu compañero/a. Discute y escribe buenas rutinas para una mente sana y un cuerpo sano.
Work with your partner. Discuss and write some good routines for a healthy mind and a healthy body.

Rutina para una mente sana.	Rutina para un cuerpo sano.
Es bueno hacer yoga y meditar.	*Es bueno hacer aerobics.*

2 Escucha. Lee las frases e identifica quién habla, T (Teresa) o D (David).
Listen. Read the sentences and identify who's speaking, T (Teresa) or D (David).
1 D
Who …
1 sometimes has headaches?
2 thinks that taking too many aspirins is not good for you?
3 thinks that aspirins are good because the doctor recommends them?
4 is happy and positive about life?
5 has bad habits, eats many sweets and does not exercise?
6 thinks that fatty foods and inactivity are not good for your health?
7 has many plans for the future?
8 thinks that being stressed and worried all the time is not healthy?

Teresa

David

3 Escucha la conversación otra vez. Habla con tu compañero/a.
Listen to the conversation again. Talk to your partner.

> ¿Qué piensas de las opiniones de David?
> ¿Qué piensas de las opiniones de Tamara?
> ¿Eres más como Tamara o David? Explica por qué.
> ¿Quién en la clase es como Tamara y quién es como David?

¿Qué piensas de las opiniones de David?

No estoy de acuerdo con David porque tiene hábitos malsanos.

4 En tu opinión, ¿qué es importante para vivir una vida sana? Escribe un párrafo.
In your opinion, what things are important for a healthy life? Write a paragraph.

> ¿Cómo debes comer?
> ¿Qué es bueno para el cuerpo?
> ¿Qué es importante para la mente?
> ¿Qué hábitos buenos recomiendas?
> ¿Qué hábitos malos debes evitar?

Talk about what hurts

Say what's hurting me	*Me duele la cabeza.*
Ask someone what hurts	*¿Te duele el estómago?*
Say what hurts someone	*Le duelen los pies.*
Express sympathy	*Lo siento.*
Wish someone well	*¡Que te mejores pronto!*
Give an excuse	*No puedo escribir porque me duele la mano.*

Get help at the pharmacy

Describe my symptoms	*Tengo fiebre y dolor de cabeza.*
Ask how long something has hurt	*¿Cuánto hace que te duele?*
Say how long I've been ill for	*Hace dos días que tengo tos.*
Ask for medication recommendations	*¿Tiene algo para la gripe?*
Ask for specific medication	*Deme una caja de aspirinas.*
Make a recommendation	*Te recomiendo esta crema.*

Get help at the doctor's

Describe my symptoms	*Me siento mareado./Tengo un esguince.*
Ask someone about their symptoms	*¿Tiene fiebre?*
Give simple instructions	*Tome una pastilla antes de almorzar.*
Use the direct object with instructions	*Cómprelo en la farmacia.*
Ask how often I should take medication	*¿Cuántas veces al día?*

Talk about my eating habits

Say what type of food I eat	*Como ensaladas nutritivas.*
Say what I should do	*Debo beber más agua.*
Identify good habits	*Es importante dormir ocho horas.*
Identify bad habits	*No es bueno fumar.*
Say how often I do something	*Hago deporte dos veces a la semana.*
Use adjectives to describe food	*Este yogur es muy nutritivo.*

Talk about my plans

Say what I plan to do	*Voy a ser voluntario.*
Ask what someone is going to do	*¿Qué vas a hacer en el año nuevo?*
Say what habits I plan to change	*Voy a cambiar mi dieta.*
Say what new activities I'm going to do	*Voy a aprender un idioma nuevo.*
Say what I enjoy doing	*Me gusta/encanta viajar.*
Say what I don't like doing	*No me gusta hacer ejercicio.*

El cuerpo / Body

Me duele …	My … hurts
el brazo	arm
la cabeza	head
el cuello	neck
la espalda	back
el estómago	stomach
la garganta	throat
el hombro	shoulder
la mano	hand
la muñeca	wrist
el muslo	thigh
el pie	foot
la pierna	leg
el pecho	chest
el pulgar	thumb
la rodilla	knee
el tobillo	ankle
Me duelen …	My … hurt
los dedos	fingers
los dedos del pie	toes
los dientes	teeth
los oídos/las orejas	ears
los ojos	eyes

Expresiones de simpatía / Expressions of sympathy

¡Qué molesto!	How annoying!
¡Cuídate!	Take care of yourself!
¡Que te mejores (pronto)!	Get well (soon)!

Las excusas / Excuses

No puedo …	I can't
¿Por qué?	Why?
Porque	Because
Me duele(n) …	My … hurt(s)

En el médico / At the doctor's

¿Qué le pasa a usted?	What's the problem?
¿Tiene fiebre?	Do you have a temperature?
Tengo …	I have …
diarrea	diarrhoea
dolor de cabeza	a headache
dolor de estómago	stomachache
dolor de garganta	a sore throat
fiebre	a temperature
gripe	flu
tos	cough
un esguince de tobillo	a sprained ankle
una herida	a wound
una insolación	sunstroke
una picadura (de mosquito)	a (mosquito) bite
el dedo roto	a broken finger
Está hinchado.	It's swollen.

Estoy mareado.	I'm dizzy.
Estoy resfriado/a.	I've got a cold.
Me siento enfermo.	I feel ill.
Me siento (muy) cansado.	I feel (very) tired.
No puedo mover (el brazo).	I can't move (my arm).
Tengo mucho frío/calor.	I'm very cold/hot.
No tengo energía.	I have no energy.
Toso mucho.	I'm coughing a lot.
¿Está rota la muñeca?	Is your wrist broken?
¿Hace cuánto que le duele la espalda?	How long has your back been hurting?
Hace tres días que me duele la garganta.	My throat has been hurting for three days.

Los medicamentos / Medications

las aspirinas	aspirin
una botella/caja de	a bottle/box of
la crema	cream
las curitas	plasters/bandaid
las gotas	drops
el jarabe para la tos	cough syrup
las pastillas	tablets
un tubo	a tube

En la farmacia / At the pharmacy

¿Tiene algo para …?	Do you have something for…?
Le recomiendo …	I recommend …
Deme …	Give me …
¿Pequeño o grande?	Small or large?

Las instrucciones / Instructions

Beba	Drink
Coma	Eat
Lleve esta receta a la farmacia.	Take this prescription to the pharmacy.
Mueva …	Move …
Póngase …	Put on …
Quédese en cama.	Stay in bed.
Respire	Breathe
Tome dos aspirinas.	Take two aspirin.
Vaya al hospital.	Go to the hospital.
antes/después de comer	before/after eating
a veces	sometimes
de vez en cuando	every now and then
frecuentemente	frequently
nunca	never
siempre	always

La dieta

los alimentos procesados
la comida chatarra
la comida rápida
la carne roja
el cereal
el chocolate
las chucherías
los dulces
la fruta
las galletas
los huevos
la leche
las papas fritas
el pescado
el pollo frito
el queso
la soda
la torta
el yogur
las verduras
dulce
grasiento/a
nutritivo/a
rico/a
sano/a

Diet

processed food
junk food
fast food
red meat
cereal
chocolate
sweet or salty snacks
sweets
fruit
biscuits
eggs
milk
chips/crisps
fish
fried chicken
cheese
fizzy drink
cake
yoghurt
vegetables
sweet
greasy
nutritious
delicious, tasty
healthy

Una rutina sana

Es importante …
beber bastante agua
descansar
dormir lo suficiente
hacer ejercicio
reír mucho
No es bueno …
comer alimentos
    procesados
fumar
pasar demasiado tiempo
    en Internet …
Debes/Debe comer …
Es sano …
respirar aire fresco.
No debes/debe beber
    demasiadas sodas.
cada día
todos los días
varias veces a la semana

A healthy routine

It's important to …
drink a lot of water
rest
sleep enough
exercise
laugh a lot
… isn't good for you
Eating processed
    foods …
Smoking …
Spending too much time
    on the internet …
You must eat …
… is healthy
Breathing fresh air
You shouldn't have too
    many fizzy drinks.
every day
every day
several times a week

Mis gustos y preferencias

me gusta(n)
me encanta(n)
me fascina(n)
No me gusta(n) nada.
odio

My likes and preferences

I like
I love
I'm fascinated by
I don't like it/them at all.
I hate

Mis resoluciones para el Año Nuevo

Voy a …
ahorrar mi paga
aprender un idioma nuevo
beber dos litros de agua
    al día
buscar un trabajo
comer ensalada
dormir por lo menos diez
    horas cada noche
hacer mis tareas a tiempo

ir en bicicleta al colegio
ser voluntario
tocar los tambores
unirme a un equipo/club
visitar Estados Unidos
¡Mi nuevo yo!
¡Feliz Año Nuevo!

My New Year's resolutions

I'm going to …
save my pay
learn a new language
drink two litres of water
    a day
look for a new job
eat salad
sleep at least ten hours
    a night
do my homework on
    time
go to school by bike
become a volunteer
play the drums
join a team/club
go to the United States
A new me!
Happy new year!

Prueba 1

1 Escucha. Empareja las frases.

33

Listen. Match to make sentences.

1 d

1 Es un hospital	a muchísimo.
2 El trabajo es	b largos.
3 Generalmente, los médicos son	c mandones.
4 De vez en cuando hay empleados	d moderno.
5 Los días son	e interesante.
6 Hay que caminar	f comprensivos.

2 Lee el artículo. Contesta las preguntas.

Read the article and answer the questions.

¿Cómo es tu trabajo?

Soy programadora y trabajo en una oficina de tecnología. Es muy interesante trabajar con computadoras, pero la desventaja es que no es un trabajo con mucha actividad física. Estoy muy ocupada durante el día. Debo leer durante muchas horas y a menudo me duele la cabeza. Como paso mucho tiempo sentada y tengo que pensar mucho, a veces estoy un poco estresada. Por eso trato de levantarme muy temprano todos los días para hacer ejercicio. De lunes a viernes me despierto a las seis y cuarto y voy a correr con mi perro. A las siete desayuno bien y, a las siete y cuarenta cinco, me voy al trabajo en carro. Los fines de semana mi rutina es muy diferente. No tengo que trabajar, así que paso mucho tiempo al aire libre haciendo todo tipo de deportes. Lo que me gusta más es nadar. Voy a la playa casi todos los sábados.

Sofía

1 What's the disadvantage of Sofía's job?
2 What effect does reading for so many hours often have?
3 Why does she get up early?
4 What does she do when she gets up during the week?
5 How does she go to work?
6 What's her favourite thing to do at the weekend?

3 Habla con tu compañero/a. Completa las frases para describir tu rutina.

Talk to your partner. Complete the phrases to describe your routine.

1 Siempre me levanto a las …
2 Generalmente voy a la escuela …
3 Los viernes por la tarde me gusta …
4 Por las tardes …
5 Después de la escuela tengo que …

4 Mira las fotos. Describe el trabajo y la rutina de cada persona.

Look at the photos. Describe each person's job and daily routine.

Prueba 2

1 Escucha. Identifica los problemas de cada persona y hace cuánto tiempo se sienten mal. (1–6)

Listen. Note each person's problems and how long they've had them.

1 cough, chest hurts; 2 days

2 Túrnate con tu compañero/a. Describe un estilo de vida saludable.

Take turns with your partner. Describe a healthy lifestyle.

> Hay que desayunar cereales con leche o fruta.

> Tienes que dormir ocho horas.

3 Lee el texto. Lee las frases y escribe verdadero (V) o falso (F).

Read the text. Read the sentences and write V (true) or F (false).

1 F

Soy muy activo y me encantan los deportes. En mi escuela estoy en el equipo de fútbol y en el equipo de natación. También juego al tenis con un entrenador privado todas las tardes después de la escuela. ¡El tenis es mi pasión! En el futuro quiero ser tenista profesional. Me preparo mucho para tener éxito. Hago ejercicio todos los días, como sano y duermo por lo menos ocho horas al día. Tener un estilo de vida saludable es importante si quieres ser profesional. Me apasionan los deportes competitivos. Soy rápido y golpeo bien, pero sé que tienes que trabajar muy duro para mejorar. Mi ídolo es el jugador argentino Juan Martín del Potro. Es increíble y me inspira. En el futuro quiero viajar a otros países para jugar con otros tenistas famosos. Me gustaría sobre todo representar a mi país un día. Ese es mi sueño.

Andrés

1 Andrés plays tennis every day in the school team.
2 He wants to play tennis as a career.
3 He eats healthily but doesn't get enough sleep.
4 When he plays, he's fast and he hits the ball well.
5 He thinks it will be easy to be a great tennis player.
6 His dream is to play for his country.

4 Lee y completa las resoluciones con tus propias ideas.

Read and complete the resolutions with your own ideas.

> En el futuro quiero mejorar en …

> Voy a hacer …

> Quiero viajar a …

> Quiero ahorrar mi paga porque …

> Voy a participar en …

> Necesito … porque …

Prueba 3

1 Escucha. ¿Quién es? Escribe M (Marina), I (Idriss) o M+I (los dos). (1–2)
35
Listen. Who is it? Write M (Marina), I (Idriss) or M+I (both).

1 M+I

¿Quién …

1 trabaja con niños?
2 quiere visitar otros lugares
3 no hace deportes?

4 bebe bastante agua?
5 tiene que relajarse?
6 viaja en bici?

2 Túrnate con tu compañero/a. Haz las preguntas y da excusas.
Talk to a friend. Ask and give excuses.

¿Vamos ir a la playa mañana?

Lo siento, pero me duele la pierna.

3 Escribe las palabras que faltan.
Write the missing words.

1 gustaría

1 Me _____ diseñar ropa con estilos interesantes para gente activa.
2 Hace dos semanas ya que tengo fiebre. ¿Qué me _____?
3 Voy a estudiar francés porque _____ ir a Paris.
4 _____ mucho tiempo ya que no como dulces.
5 Me gustaría _____ dinero para viajar, pero lo gasto todo en chucherías.
6 Lo siento mucho. No puedo ir porque me _____ muy enferma.

4 Lee el texto. Contesta las preguntas.
Read the text. Answer the questions.

Para ser buen pediatra, debes ser muy paciente y amable. Cuando los niños muy pequeños no se sienten bien, no pueden describir sus síntomas porque no pueden hablar. Lo que más me gusta de mi trabajo es cuando ayudo a los pequeños a estar sanos y felices.
A veces los días son largos y difíciles, pero no me importa porque para mí es importante ayudar. Voy a describir mi rutina de los sábados. Generalmente me levanto muy temprano, desayuno muy bien y después voy al gimnasio. Trato de hacer ejercicio por lo menos tres veces a la semana. Cuando trabajas con niños, es importante estar sano y tener mucha energía. El sábado es el día más difícil porque siempre hay muchos pacientes. Hoy hay tres niños que están resfriados y tienen tos, hay una beba con mucha fiebre y también hay un niño con un brazo roto.
Dr López

1 What characteristics do you need to be a good pediatrician?
2 Why is it difficult treating very small children?
3 What does Dr López like most about his job?
4 Which day is difficult and why?
5 What is his early morning routine on Saturday like?
6 What are some of the problems today?

Prueba 4

1 Escucha la conversación. Contesta las preguntas.
Listen to the conversation. Answer the questions.

1 What does Camille want to be?
2 What qualities does Mika's mother think make a good lawyer?
3 What is Alicia like?
4 What jobs does Mika think Alicia can do in the future?
5 What two things does Mika want to avoid in her career?
6 What does her mother suggest she does?

2 Túrnate con tu compañero/a.
Take turns with your partner.

¿Cómo te sientes?

¿Duermes lo suficiente?

¿Pasas mucho tiempo en Internet? ¿Por qué?/¿Por qué no?

¿Qué comes?

¿Qué ejercicio haces?

¿Tienes un estilo de vida sana?

¿Bebes suficiente agua?

3 Imagina que trabajas en tu profesión del futuro. Describe un día en tu vida.
Imagine that you work in your future profession. Describe a day in your life.

4 Escribe las formas correctas de los verbos.
Complete the text with the correct forms of the verbs.
1 descansa

Kyra es una chica con un estilo de vida muy activo. Es responsable y trabajadora pero no (1) **(descansar)** _____ lo suficiente. Se levanta muy temprano todos los días y estudia por una hora. Es muy ambiciosa y (2) **(querer)** _____ ir a la universidad porque en el futuro quiere ser ingeniera. Casi siempre (3) **(caminar)** _____ a la escuela con sus amigas, pero si llueve va en carro con su papá. No (4) **(desayunar)** _____ porque nunca tiene tiempo. A veces bebe un café. En la escuela todos los chicos (5) **(comer)** _____ demasiadas comidas rápidas para el almuerzo. Kyra come una pizza o papas fritas. Cuando regresa a casa, ayuda con la cena y (6) **(estudiar)** _____ por tres horas. Hace un mes que Kyra no se (7) **(sentir)** _____ muy bien. No tiene energía y frecuentemente le (8) **(doler)** _____ los ojos. El doctor le recomienda comer una dieta sana, (9) **(tomar)** _____ vitaminas y dormir por lo menos ocho horas todas las noches.

3
VAMOS DE
compras

- Identify kinds of shop
- Say what is sold
- Use *se vende/se venden*

3.1 Se vende pan

1 ¿Dónde se encuentran las tiendas? Mira la guía y escribe el piso y el número.
Where can you find the shops? Look at the guide and write the floor and the number.
1 segundo piso, 202

Centro Comercial Puente Blanco

Piso Bajo	Primer Piso	Segundo Piso
Estacionamiento	101 supermercado 102 frutería 103 carnicería 104 librería 105 pastelería 106 panadería	201 tienda de ropa 202 farmacia 203 tienda de comestibles 204 zapatería 205 confitería 206 perfumería

1 pharmacy	5 sweet shop
2 supermarket	6 bakery
3 cake shop	7 grocer's
4 shoe shop	8 clothes shop

2 Escucha y repite.
Listen and repeat.
37

3 Escribe los números ordinales correctamente.
Write the ordinal numbers correctly.
1 tercer

1 La tienda de comestibles está en el **rtrcee** piso.
2 La farmacia se encuentra en el **otruca** piso.
3 La joyería está en el **rimerp** piso.
4 La carnicería está en el **uiqton** piso.
5 La perfumería está en el **udosneg** piso.

> Use what you know to figure out what some shops sell.
> *perfumería (perfume)* – perfume shop
> *joyería (joyas)* – jeweller's
> *papelería (papel)* – stationer's
> What do you think the shops in the guide not translated in Activity 1 mean?

Gramática

Ordinal numbers

primero – first	*cuarto* – fourth
segundo – second	*quinto* – fifth
tercero – third	

Note that ordinal numbers need to agree in gender and number.

la tercera tienda — the third shop
las primeras personas — the first people

primero and *tercero* drop the *–o* before a masculine singular noun.

el primer puesto — the first position

4 ¿Dónde están las tiendas? Mira el plano y usa la guía de la Actividad 1. Habla con tu compañero/a.
Where are the shops? Look at the floor plan and use the guide in Activity 1. Talk to your partner.

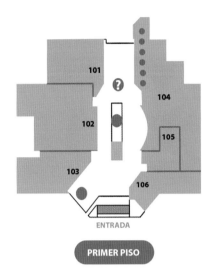

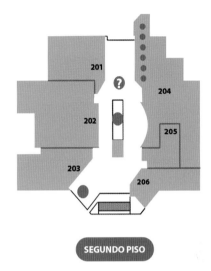

¿Dónde está la farmacia?

Está en el segundo piso, a la izquierda.

al final
enfrente
a la derecha
a la izquierda

¿Dónde está la librería?

Está en el primer piso, enfrente del supermercado.

5 Mira el plano y escucha los anuncios. ¿Qué tienda es? (1–4)
Look at the shop guide and listen to the announcements. Which shop is it?

1 pasteles

2 dulces

3 naranjas, bananas y manzanas

4 camiseta nueva

5 zapatos nuevos

6 perfume

6 Mira la lista de compras. Escribe adónde vas a ir en el centro comercial.
Look at the shopping list. Write where you're going to go in the shopping centre.
1 Para los pasteles, voy a ir a la pastelería.

7 Prepara tu propia lista. Habla con tu compañero/a.
Make your own shopping list. Talk to your partner.

¿Qué quieres comprar?

Necesito un libro nuevo.

Tienes que ir a la librería.

8 Escribe las palabras que faltan.
Write the missing words.

¿Qué se vende?	¿Dónde se vende?
(1) *el pan*	la panadería
los libros	(2)
(3)	la frutería
(4)	la floristería
la carne	(5)
(6)	la zapatería
el reloj	(7)
(8)	la joyería
los bolígrafos	(9)
la pizza	(10)

 9 Escucha y comprueba tus respuestas.
39 *Listen and check your answers.*

10 Descifra las tiendas y escribe frases con
se vende/se venden.
*Work out the shops and write sentences with
se vende/se venden.*
1 En la juguetería se venden juguetes.

1 En la **guajríuete** _____.
2 En la **ríaerbli** _____.
3 En el **cadpermsuero** _____.
4 En la **riafmaca** _____.
5 En la **oriflsíater** _____.
6 En la **reríacanic** _____.

11 Escribe otras frases como las de la Actividad 10.
Tu compañero/a las completa.
*Write other sentences like those in Activity 10. Your partner
completes them.*

12 Túrnate en grupo.
Take turns in groups.

En la librería …   … se venden libros.

 13 ¿Adónde va de compras Amelia?
40 ¿Qué quiere comprar? Escucha y
escribe los detalles.
*Where is Amelia going shopping?
What does she want to buy?
Listen and note the details.*
clothes shop – jeans, …

14 Escucha otra vez. Contesta las preguntas.

Listen again. Answer the questions.

1 Where is Amelia going to shop for clothes?
2 Why does she want to shop for new clothes?
3 Why does she want to buy her maths teacher a present?
4 What subjects does she like?
5 Who is she buying felt-tips for?
6 Where is she going to buy her pet a toy? Why?

15 ¿Cómo se dice en español? Lee el texto y busca las frases.

How do you say it in Spanish? Read the text and find the phrases.

1 mercados al aire libre

Vivo en La Habana, la capital de Cuba. Me encanta pasear por los mercados al aire libre y ver los productos típicos de la zona que se venden para los turistas. Aquí se pueden encontrar productos artesanos de madera, joyas, esculturas, artículos de cuero como bolsos o zapatos, e incluso instrumentos musicales. A veces mis amigas y yo compramos algunas joyas tradicionales porque nos encantan los colores.

1 open-air markets
2 typical regional products
3 you can find
4 handmade
5 wooden
6 leather goods
7 bags
8 traditional jewellery

16 Lee el texto otra vez. Completa las frases.

Read the text again. Complete the sentences.

1 The open-air markets sell …
2 The goods on sale at the markets are popular with …
3 Products you can buy include …
4 Locals like Amelia and her friends sometimes buy …

17 Escribe una descripción de una tienda popular en tu barrio.

Write a description of a popular shop in your neighbourhood.

¿Qué se vende?

¿Cómo se llama?

¿Dónde está?

¿Por qué te gusta?

3.2 Necesito champú

- Say what you need to buy
- Use quantities for food
- Revise large numbers

 1 **Escucha y escribe los numeros en el orden mencionado.**
Listen and write the numbers in the order mentioned.
8, …

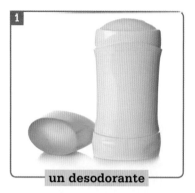
un desodorante

una botella de champú

un gel de ducha

un cepillo de dientes

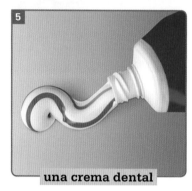
una crema dental

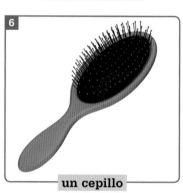
un cepillo

un protector solar

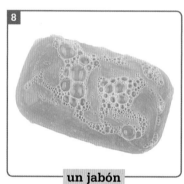
un jabón

un perfume

 2 **Escucha otra vez y repite.**
Listen again and repeat.

3 **Mira los artículos de la Actividad 1. Después, cierra el libro y recuérdalos con tu compañero/a.**
Look at the items in Activity 1. Then, close your book and remember them with your partner.

En mi maleta hay un cepillo.

En mi maleta hay un jabón.

 4 **¿Qué necesitan? Escucha y escribe. (1–3)**
What do they need? Listen and write.

Gramática
necesito can be followed by a noun or a verb in the infinitive form.
Necesito un protector solar.
I need some suncream.
Necesito comprar un cepillo.
I need to buy a hairbrush.

5 Escribe las palabras que faltan.
Write the missing words.

algo	~~tengo~~	lo	más	supermercado
	cepillo	también	necesito	

1 tengo

- Voy de vacaciones pero no (1) _____ champú. Necesito comprar (2) _____.
- ¿Tienes gel de ducha?
- Sí, (3) _____ tengo, pero creo que (4) _____ más desodorante.
- Y, ¡no olvides el (5) _____ de dientes!
- ¡Claro que no!
- ¿Necesitas (6) _____ más?
- Solo me faltan gafas de sol. ¡Ay no, (7) _____ me falta crema dental!
- ¿Vamos al (8) _____?
- ¡Buena idea!

> **Gramática**
> *me falta* is used for singular items and *me faltan* for plural items.
> *Me falta protector solar.*
> I need suncream.
> *Me faltan gafas de sol.*
> I need sunglasses.

6 Completa con *me falta* o *me faltan*.
Complete with me falta or me faltan.

1 Me falta

1 _____ una botella de agua.
2 _____ unas sandalias.
3 _____ un cepillo de dientes.
4 _____ una maleta.
5 _____ unas gafas de sol.
6 _____ unos shorts.

7 Escribe una lista. Habla con tu compañero/a.
Write a list. Talk to your partner.

champú ✔

cepillo de dientes ✗

¿Necesitas champú?

No, tengo champú.

¿Qué te falta?

Me falta un cepillo de dientes.

8 Túrnate en grupo. Haz una cadena.
Take turns in groups. Make a chain.

Me faltan muchas cosas. Me falta un cepillo de dientes.

Me faltan muchas cosas. Me falta un cepillo de dientes y me faltan unas gafas de sol.

9 Busca en un diccionario otros artículos para tu maleta. Después, escribe un mensaje a tu amigo/a.
Use a dictionary to look up other items for your suitcase. Then, write a message to your friend.

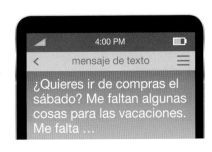

4:00 PM

mensaje de texto

¿Quieres ir de compras el sábado? Me faltan algunas cosas para las vacaciones. Me falta …

10 Escucha. Empareja las cantidades con los alimentos.

43

Listen. Match the quantities and the food items.

1 b

1 un kilo de ...

2 medio kilo de ...

3 un cuarto kilo de ...

4 dos kilos de ...

5 seiscientos gramos de ...

6 una botella de ...

7 un litro de ...

8 un paquete de ...

9 un cartón de ...

10 una lata de ...

11 Escribe las palabras que faltan.

Write the missing words.

| caja | lata | cartón | ~~botella~~ | bananas | cuarto | kilos | harina |

1 botella

Salva, necesitamos varias cosas para la cena. Por favor, vete a la tienda. Te escribo una lista de lo que tienes que comprar. Necesitamos una (1) _____ de aceite de maíz, (2) _____ kilo de cebollas, una (3) _____ de atún, y un kilo de (4) _____ para la masa de las empanadas. También trae un (5) _____ de jugo de mango, una (6) _____ de galletas y dos (7) _____ de (8) _____ para las meriendas esta semana. Aquí tienes el dinero. ¡No tardes, por favor!

12 ¡Vamos a hacer tamales! Escucha y escribe los ingredientes y las cantidades.

44

Let's make tamales! Listen and write down the ingredients and quantities.

Hay: 12 hojas de plátano, …

Falta:

13 Busca un plato hispánico típico y escribe los ingredientes para la receta.

Look up a typical Hispanic dish and write out the ingredients for the recipe.

Para hacer buñuelos, necesitamos 250 gr de harina, …

14 **¿Cuánto cuesta?** Escucha y escribe cada producto y el precio. (1–6)

45

How much is it? Listen and write each product and the price.

1 apples – $8/kg

20	*veinte*	100	*cien*
21	*veintiuno*	101	*ciento uno*
22	*veintidós*	102	*ciento dos*
23	*veintitrés*	200	*doscientos*
30	*treinta*	201	*doscientos uno*
31	*treinta y uno*	300	*trescientos*
32	*treinta y dos*	400	*cuatrocientos*
40	*cuarenta*	500	*quinientos*
50	*cincuenta*	600	*seiscientos*
60	*sesenta*	700	*setecientos*
70	*setenta*	800	*ochocientos*
80	*ochenta*	900	*novecientos*
90	*noventa*	1000	*mil*

15 Escucha y escribe los números.

46

Listen and write the numbers.

243, …

16 Lee la conversación. Contesta las preguntas.

Read the conversation. Answer the questions.

- Buenos días, ¿qué desea?
- Buenos días, necesito dos latas de tomates, por favor.
- ¿Algo más?
- Sí, necesito medio kilo de cebollas y un kilo de arroz también.
- ¿Algo más?
- No, nada más, gracias. ¡Ay, espere! Me falta una botella de aceite.
- Aquí tiene.
- ¿Cuánto cuesta el aceite?
- Cuesta ocho dólares.
- Es todo, gracias. ¿Cuánto es?
- Doce dólares.
- Vale, gracias. Aquí tiene.

1 What items does the customer want?
2 How much does the oil cost?
3 What is the total cost?

17 Escribe una conversación con tu compañero/a. Adapta la conversación de la Actividad 16.

Write a conversation with your partner. Adapt the conversation in Activity 16.

18 Practica la conversación con tu compañero/a.

Practise the conversation with your partner.

> **Gramática**
>
> To ask what things cost, use *¿Cuánto cuesta?* or, for more than one item, *¿Cuánto cuestan?*
>
> *¿Cuánto cuesta la harina?*
> – *Cuesta un dólar cincuenta.*
>
> *¿Cuánto cuestan las manzanas?*
> – *Cuestan dos dólares.*
>
> *¿Cuánto es?* is also used to ask 'How much?'
>
> *¿Cuánto es el abrigo?* – *Es cien dólares.*
>
> *Es todo. ¿Cuánto es?* – *Diez dólares.*

- Identify clothes for different occasions
- Say what you're going to wear
- Use demonstrative adjectives

1 Escribe los colores. Escucha y comprueba.
47
Write the colours. Listen and check.
rosado, …

| anaranjado | amarillo | azul | café | negro | rojo |
| blanco | gris | verde | morado | rosado | |

2 ¿Quién habla? Lee, mira y escribe los nombres.
48
Escucha y comprueba. (1–4)
Who's speaking? Read, look and write the names. Listen and check.

¿Qué vas a llevar a la fiesta?

Luisa

Patricia

Juan

Ricardo

1 Voy a llevar una chaqueta rosada, un sombrero morado y un vestido verde.

2 Voy a llevar un pantalón gris, unos zapatos rojos, una camisa blanca con una corbata azul y blanca y un suéter azul.

3 Yo voy a llevar una falda café, una blusa blanca y una sudadera anaranjada.

4 Pues, yo voy a llevar unos bluejeans negros, una camiseta verde, un cinturón blanco, unos tenis blancos y una gorra amarilla.

3 Mira las imágenes de la Actividad 2 otra vez. Habla con tu compañero/a.
Look at the pictures in Activity 2 again. Talk to your partner.

¿De qué color son los bluejeans de Ricardo?   Son negros.

4 Escucha. Escribe las prendas con los colores.
49
Listen. Write the items of clothing, including colours.
Alejandra: red skirt, …

5 Completa las frases con las formas correctas de los colores.

Complete the sentences with the correct forms of the colours.

1 amarilla

¡Me gusta la nieve!

el abrigo   el guante   la bota

1 Para la fiesta, voy a llevar una falda ⬤ _____,
una camiseta ○ _____ y unos tenis ⬤ _____.
2 Para la entrevista, voy a llevar un traje ⬤ _____,
una camisa ○ _____ y unos zapatos ⬤ _____.
3 Para mi cumpleaños, voy a llevar unos bluejeans
⬤ _____, una gorra ⬤ _____ y ○ _____
y unos tenis ⬤ _____.
4 Para viajar a Estados Unidos este invierno, voy a llevar
unos guantes ⬤ _____, unas botas ⬤ _____
y un abrigo ⬤ _____.

Gramática

Remember: adjectives in Spanish go after the noun and they agree in gender and number with the word they describe.

ending in	singular		plural	
	masculine	feminine	masculine	feminine
–o	negro	negra	negros	negras
–e	verde	verde	verdes	verdes
consonant	azul	azul	azules	azules

café doesn't change.
Lleva unas botas café. She's wearing brown boots.

¡Nota!

When describing light and dark shades, the adjective doesn't change.
unos bluejeans azul claro – light blue jeans
una falda rojo oscuro – a dark red skirt

6 Escucha. Corrige los colores y las prendas. (1–2)

Listen. Correct the colours and the items of clothing.

1 azules – unos bluejeans negros, …

1 Este fin de semana voy a llevar unos bluejeans azules,
una camiseta roja y blanca, unos calcetines blancos
y unos tenis café. También voy a llevar una chaqueta
azul. Detesto el rojo.
2 El domingo voy a celebrar mi cumpleaños con mi
familia. Voy a llevar un vestido amarillo, unos zapatos
negros y una chaqueta rosada. Si hace frío, voy a llevar
un abrigo verde. ¡Odio el frío!

7 ¿Qué vas a llevar? Túrnate con tu compañero/a.

What are you going to wear? Take turns with your partner.

A la fiesta de cumpleaños, voy a llevar …

| una fiesta de cumpleaños | el aniversario de tus abuelos | una entrevista | un día escolar | un día de vacaciones |

8 Empareja las prendas con las traducciones.

Match the items of clothing with the translations.

1 c

1 una camiseta de algodón
2 una blusa de seda
3 un suéter de lana
4 unas botas de cuero
5 una sudadera de licra
6 una falda de terciopelo

a a wool sweater
b leather boots
c a cotton t-shirt
d a silk blouse
e a velvet skirt
f a lycra hoody

> Remember: when trying to work out new language, use what you already know. What knowledge do you have that will help you do Activity 8?

9 Escucha y lee la conversación. Completa las frases.

51

Listen to and read the conversation. Complete the sentences.

● ¡Hola, Aisha! ¿Qué vas a llevar para ir a la fiesta de disfraces este fin de semana?

● Creo que voy a ir vestida de una superheroína. Voy a llevar esta falda roja de puntos azules, esta camiseta blanca y estas botas negras. No sé si voy a llevar esta capa azul de algodón o esa capa negra de seda. ¡Y una máscara negra! ¿Qué vas a llevar tú, Lucas?

● Voy a llevar una camisa verde a cuadros y un pantalón de cuero. ¡Y ese sombrero grande! ¡Voy a ser un vaquero!

● ¡Qué chévere!

1 Aisha is going to go the party dressed as …
2 She's going to wear …
3 She isn't sure if she's going to wear … or …
4 Lucas is going to wear …
5 He's going as …

Gramática

A demonstrative adjective is used to indicate a particular item (like this, those, etc.). It agrees with the noun. In Spanish, there are three forms, covering this, that (close by) and that (over there/further away).

	masculine	feminine
this	*este* vestido	*esta* falda
these	*estos* zapatos	*estas* botas
that	*ese* vestido	*esa* falda
those	*esos* zapatos	*esas* botas
that (over there)	*aquel* vestido	*aquella* falda
those (over there)	*aquellos* zapatos	*aquellas* botas

10 Lee la conversación de la Actividad 10 otra vez. Identifica los adjetivos demostrativos.

Read the conversation in Activity 10 again. Identify the demonstrative adjectives.

este fin de semana

11 **Escribe los adjetivos demostrativos correctos.**

Write the correct demonstrative adjectives.

1 esta

- ¿Vas a ir a la fiesta esta noche, Juan? ¿Qué vas a llevar?
- Voy a llevar (1) (this) _____ sudadera con capucha de algodón. ¿Y tú?
- Voy a llevar (2) (these) _____ bluejeans azules o (3) (those) _____ bluejeans negros. ¿Qué opinas de (4) (those over there) _____ tenis café allí?
- ¡Me gustan! También voy a llevar (5) (that) _____ camiseta y (6) (that) _____ sombrero.

12 **Completa las frases con adjetivos comparativos. Traduce las frases.**

Complete the sentences with the comparative adjective. Translate the sentences.

1 más elegantes que

1 Estos zapatos son _____ esos zapatos. (elegante)
2 Esta sudadera es _____ esa sudadera. (cómodo)
3 Esta camiseta es _____ esa camiseta. (pequeño)
4 Esta gorra es _____ esa gorra. (grande)
5 Este traje es _____ ese traje. (incómodo)
6 Estas botas son _____ esas botas. (alto)

> **Gramática**
>
> To compare two items, use the comparative. It is formed using *más* + adjective *+ que*. Note that the adjective agrees with the item you are describing.
>
> *Esta camiseta es más interesante que esa camiseta.* This t-shirt is more interesting than that t-shirt. *Estos bluejeans son más modernos que esos bluejeans.* These jeans are more fashionable than those jeans.

13 **Escucha la conversación. ¿Qué necesita cada persona? (1–5)**

Listen to the conversation. What does each person need?

1 a smaller skirt

14 **¿Qué necesitas? Túrnate con tu compañero/a.**

What do you need? Take turns with your partner.

> ¿Qué necesitas?   Necesito unos zapatos más elegantes.

elegante   **moderno**   **pequeño**   **largo**

15 **Escribe lo que vas a llevar para una ocasión especial. Incluye:**

Write what you're going to wear for a special occasion. Include:

- la ropa
- colores y telas
- una comparación

- Ask for help in a clothes shop
- Describe problems with clothes
- Use the superlative

53

1 Escucha y escribe las letras. (1–5)
Listen and write the correct letters.
1 f

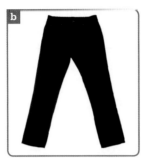

2 Escribe las palabras que faltan.
Write the missing words.

| comprar | qué | blanca | gracias | días | aquí | talla | ~~servirle~~ |

- Buenos días, ¿en qué puedo (1) *servirle* ?
- Buenos (2) _____ . Quiero (3) _____ una camisa.
- Muy bien, ¿de (4) _____ talla?
- (5) _____ grande.
- Y, ¿de qué color?
- Quisiera una camisa (6) _____ .
- Sí, (7) _____ tiene.
- (8) _____ .

3 Escribe una conversación. Usa la conversación de la Actividad 2 para ayudarte.
Write a conversation. Use the conversation in Activity 2 to help you.

gorra – rojo – talla pequeña

4 Habla con tu compañero/a. Usa la conversación de la Actividad 3 como modelo.
Talk to your partner. Use the conversation in Activity 3 as a model.

falda – café – mediana   vestido – morado – 34

camiseta – amarillo – grande   pantalón – gris – 36

5 **Escucha. Copia y completa el cuadro. (1–4)**
Listen. Copy and complete the table.

54

	Ropa	Color	Talla
1	guantes	grises	pequeña

6 **Lee la conversación. ¿Cómo se dicen en inglés las frases en negrita?**
Read the conversation. How do you say the phrases in bold in English?

- Buenos días, ¿en qué puedo servirle?
- Buenos días. Busco unos guantes de cuero, por favor.
- ¿Qué le parecen **estos guantes** grises?
- No me gusta el color.
- ¿Qué le parecen **aquellos guantes** negros?
- Son perfectos. **¿Puedo probármelos?**
- Sí, claro.
- ¿Los tiene en **talla pequeña**?
- Sí, aquí tiene.
- Gracias.
- ¿Algo más?
- Sí, también busco una falda, por favor.
- ¿Qué le parece **esta falda** café?
- No me gusta el color.
- ¿Qué le parece **aquella falda** gris?
- Es perfecta. **¿Puedo probármela?**
- Sí, claro.
- ¿La tiene **en la talla** treinta y ocho?
- Sí, aquí tiene.
- Gracias.

7 **Lee la conversación otra vez. Lee las frases y escribe V (verdadero) o F (falso).**
Read the conversation again. Read the sentences and write V (true) or F (false).

1 F

1 The customer wants to buy a pair of trousers.
2 She decides upon a grey pair in the end.
3 She needs a small pair.
4 She also wants to buy a skirt.
5 She doesn't like the colour grey.
6 She wants the skirt in a size 44.

8 **Túrnate con tu compañero/a. Haz dos conversaciones como la de la Actividad 6.**
Take turns with your partner. Have two conversations like the one in Activity 6.

> **Gramática**
> Direct object pronouns usually come before the verb, but when the verb is an infinitive form, they can be added to the end.
> *lo/la* – it   *los/las* – them
> *Quiero probármelo.*
> I want to try it on.
> *¿Puedo probármelas?*
> Can I try them on?

> *en talla pequeña/ mediana/grande* – in a small/medium/large
> *la talla 38* – size 38
> *el número 35* – size 35 (shoes)

| t-shirt | large | orange | shoes | size 37 | red |

3.4 ¿Lo tiene en azul?

9 ¡Hay un problema! Empareja las frases con las imágenes.

There's a problem! Match the sentences and pictures.

1 f

1 No me gusta el color.
2 Son demasiado largos.
3 Es demasiado corta.
4 Son demasiado grandes.
5 Es demasiado pequeña.
6 Es demasiado grande.

10 Traduce las frases.

Translate the sentences.

1 The skirt is too long.
2 The shoes are too small.
3 The sweater is too short.
4 I don't like the colour of the trousers.

5 The jeans are too long.
6 The t-shirt is too big.
7 The socks are too big.
8 The blouse is too small.

11 Escucha y completa las frases. (1–3)

55

Listen and complete the sentences.

1 no le gustan los colores

1 a No quiere la camiseta de rayas porque …
  b Le gusta la camiseta roja pero …
2 a Quiere probarse la falda en …
  b No la compra porque …
3 a No sabe si le gustan los zapatos porque …
  b El número 39 no le sirve porque …

> When you write in Spanish, remember to check agreement of adjectives.

12 Habla con tu compañero/a. Inventa una solución para el problema.

Talk to your partner. Come up with a solution for each problem.

esta camiseta – no me gusta el color

este cinturón – demasiado corto

este vestido – demasiado largo

este pantalón – demasiado grande

estos tenis – demasiado pequeños

¿Tiene un problema?

Sí, quiero esta camiseta pero no me gusta el color.

Tenemos otros colores.

13 **¿Qué deciden llevar a la fiesta Carlota y Gabi?**
Escucha y escribe los detalles.
56
What do Carlota and Gabi decide to wear to the party?
Listen and write the details.
Carlota – una falda …

¿vestido azul?

¿falda roja y camiseta?

¿zapatos o tenis?

¿sudadera?

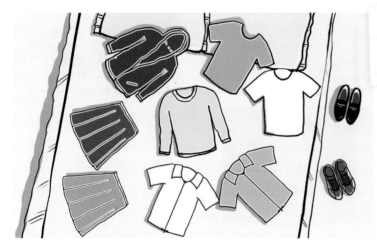

Gramática

To compare more than two items, use the superlative. It is formed using *el/la/los/las* [the definite article] + *más* + adjective. Note that the adjective agrees with the item you are describing.

Esta falda es la más pequeña.
This skirt is the smallest.
Estos bluejeans son los más cómodos.
These jeans are the most comfortable.

To say something is 'the least …', use the same structure, but replace *más* with *menos*.

Estos tenis son los menos caros.
These trainers are the least expensive.

14 Pon las palabras en orden.
Put the words in order.
1 Esta camiseta es la más barata.

1 camiseta más esta es barata la
2 tenis menos estos son cómodos los
3 elegante este vestido es más el
4 bonito es ese más el sombrero
5 menos aquella es blusa cara la
6 cinturón es aquel el largo más

15 Túrnate con tu compañero/a. Describe los artículos usando el superlativo.
Take turns with your partner. Describe the items using the superlative.

Este suéter azul es el más grande.

16 Busca ropa en revistas o Internet. Escribe unas frases usando el superlativo.
Find clothes in magazines or on the internet. Write sentences using the superlative.
Me encantan esos zapatos pero estos son los más prácticos para el colegio.

- Choose a suitable present
- Give and receive a present
- Use indirect object pronouns

1 Escucha y escribe las letras. (1–10)
57
Listen and write the letters.

1 f

a
una camiseta

b
unos dulces

c
un DVD

d
LATIN PARTY
SALSA
BACHATA
REGGAETON
un CD

e
BARRANQUILLA
CARNAVAL
un póster

f
un portarretrato

g
un libro

h
una pulsera

i
una taza

2 Escucha. Copia y completa el cuadro. (1–10)
58
Listen. Copy and complete the table.

	Regalo	Persona
1	unos dulces	mi madre
2		

j
unas flores

Gramática

The possessive adjective agrees with the noun it accompanies.

mi libro	*mis* libros	my book/books
tu libro	*tus* libros	your (singular) book/books
su libro	*sus* libros	his/her, your (formal and plural), their book/books
nuestro libro	*nuestros* libros	our book/books
nuestra taza	*nuestras* tazas	our mug/mugs

3 Necesitas comprar regalos de Navidad para tu familia.
Habla con tu compañero/a.
You need to buy Christmas presents for your family. Talk to your partner.

¿Qué quieres comprar para tu madre?

Quiero comprar un libro para mi madre.

4 Lee los tuits. Contesta las preguntas.

Read the tweets. Answer the questions.

@Maria82 #regalo??? SEGUIR
Voy a visitar el Racing Club de Avellaneda. ¿Qué puedo comprar para mi hermano?

@Samuel11 #regalo??? SEGUIR
Cómprale una camiseta del Racing.

@FandelRacing #regalo??? SEGUIR
¿Por qué no compras un póster?

@chica92 #regalo??? SEGUIR
Es el cumpleaños de mi madre pero ¡no sé qué comprar! ¿Alguna idea?

@Daniii #regalo??? SEGUIR
¿A tu madre le gusta la música? Cómprale un CD. ¡A mi madre le gusta Abba!

@Manolita #regalo??? SEGUIR
Compra un portarretrato con una foto de tu familia. O ¿quizás una pulsera bonita?

@Silvia #regalo??? SEGUIR
Es el fin del año académico y quiero comprar un regalo para mi profesor de español. ¿Qué opinas de unos dulces?

@Profe #regalo??? SEGUIR
Unos dulces – ¡un regalo perfecto! O dale una taza.

Who…

1 suggests a poster?
2 suggests a CD?
3 needs a present for their brother?
4 suggests a mug?
5 needs a present for their mother?
6 suggests sweets?
7 suggests a framed family picture?
8 needs a present for their teacher?

Gramática

Indirect object pronouns go before a conjugated verb or are added to the end of an infinitive or imperative. They are used to replace a preposition like *para*, *a*, (etc.) + a noun.

me	me
te	you
le	it/him/her
nos	us
les	you (plural)/them

*Voy a comprar**te** un vestido nuevo.*
I'm going to buy you a new dress.
*¿Qué **le** compro a mi madre para su santo?*
What are you buying your mother for her saint's day?
*Cómpra**me** un helado de fresa, por favor.*
Buy me a strawberry ice cream, please.

5 Completa las frases con los pronombres del objeto indirecto correctos.

Complete the sentences with the correct indirect object pronouns.

1 le

1 Voy a comprar____ una camiseta. (para mi tía)
2 Necesito comprar______ unos zapatos. (para mí)
3 Quiero comprar______ un regalo. (para ti)
4 Cómpra____ un póster bonito. (para nosotros)
5 Siempre ____ compro unos DVDs como regalo de Navidad. (mis primas)
6 Este cumpleaños ___ compro unas flores. (para mi madrastra)

6 Escribe y practica una conversación con tu compañero/a.

Write and practise a conversation with your partner.

cumpleaños	madrastra	una pulsera
día santo	mejor amiga	unos dulces
aniversario	abuelos	un libro

Es el cumpleaños de mi madrastra ¿Qué puedo comprarle?

¿Por qué no le compras una pulsera?

Me parece buena idea. ¡Un regalo perfecto!

7 **Empareja el español con el inglés.**
Match the Spanish and English.

1 g

1	pequeño	**a**	fun
2	grande	**b**	boring
3	bonito	**c**	big
4	feo	**d**	ugly
5	caro	**e**	pretty
6	práctico	**f**	exciting
7	emocionante	**g**	small
8	aburrido	**h**	expensive
9	divertido	**i**	great
10	genial	**j**	practical

> **¡Nota!**
>
> Remember: adjectives agree with the item that they describe. Adjectives ending in –o have the endings –o/–a/–os/–as. *un bolso **práctico** y unas camisetas **bonitas***
>
> Adjectives that end in an –e or a consonant are the same in the masculine and feminine, so have only two forms, e.g. *grand**e**/grand**es**, genial/genial**es**.*

8 **Escucha. ¿Qué quieren comprar? ¿Por qué? (1–5)**
Listen. What do they want to buy? Why?
1 una pulsera verde – porque ...

9 **Elige y escribe unas frases.**
Choose and write some sentences.
Voy a comprarle una pulsera bonita a mi hermana.

bonito	pulsera	hermano
práctico	portarretrato	primo
emocionante	taza	amigo
grande	videojuego	padres
caro	ramo de flores	abuelo

10 **Habla con tu compañero/a.**
Talk to your partner.
Imagina que es el cumpleaños de cada persona. ¿Qué vas a comprarle?

madre

mejor amigo

hermano

novio

◁ ¿Qué vas a comprarle a tu madre para su cumpleaños?

Voy a comprarle unas flores bonitas porque le encantan. ▷

◁ ¡Qué buena idea! A mí también me encantan las flores.

11 **Escucha y escribe la letra correcta y si la reacción es positiva (P) o negativa (N). (1–5)**
Listen and write the correct letter and whether the reaction is positive (P) or negative (N).
1 e – P

> **Gramática**
>
> *por* and *para* can both be translated as 'for'.
> *para* is used for a recipient and for purpose.
>
> *El libro es para mi madre.*
> – The book is for my mother.
> *Tengo que estudiar para sacar buenas notas.* I need to study to get good grades.
>
> *por* is used for reasons.
> *Lo hago por mis padres.*
> I do it for my parents.

12 **¿*por* o *para*? Elige las palabras correctas.**
¿por or para? Choose the correct words.
1 para

1 Compra una camiseta del Guadalajara **por / para** tu hermano.
2 **Por / Para** mis buenas notas, mis padres me quieren regalar algo.
3 Sé que no quieres ir pero hazlo **por / para** mí, por favor.
4 Voy a comprar un vestido nuevo **por / para** la fiesta.
5 Trabajo **por / para** el dinero.
6 Estas flores son **por / para** ti.

13 **¿Le gusta o no le gusta la idea? Escucha y dibuja. (1–6)**
Do they like the idea or not? Listen and draw.

> When you are listening for opinions, focus on how people speak as well as the detail of what they say. We speak in different ways depending on whether we're happy/sad/excited/bored, etc.

14 **Escucha otra vez. Escribe las exclamaciones. (1–6)**
Listen again. Write the exclamations.
1 ¡Qué divertido!

> **¡Nota!**
> Exclamations in Spanish are often formed from *¡Qué …!* + an adjective.

15 **Tienes un trabajo. Describe los regalos que les vas a comprar a tu familia con tu paga.**
You've got a job. Describe the presents you're going to buy your family with your pay.
Voy a comprarle un sombrero bonito a mi madre.

16 **Túrnate con tu compañero/a. Regala algo y responde.**
Take turns with your partner. Give a gift and respond.

> Estas flores son para ti. ¡Gracias! ¡Qué bonitas!

LOS DISEÑADORES HISPANOAMERICANOS EN EL MUNDO

Los venezolanos somos **amantes de la moda**. Nos encanta vestir bien. La zona del Caribe está llena de creatividad y tenemos diseñadores y **marcas** conocidos por todo el mundo. ¿Quién no conoce las famosas creaciones de Óscar de la Renta, un diseñador dominicano **de nacimiento** que fue favorito de las estrellas de los años sesenta y famoso por vestir a la primera dama estadounidense Jackie Kennedy? Su marca **sigue siendo** una de las favoritas del mundo de la moda **actual** y las **pasarelas**. ¡Y las colecciones de novias son fuera de este mundo!

Luego está la elegancia de nuestra propia Carolina Herrera, otra diseñadora popular con las primeras damas, entre ellas Michelle Obama. Estas marcas no crean solo vestidos elegantes, sino también colecciones de zapatos, carteras y perfumes. Si eres fan de una de estas marcas, te ofrecen todo lo que necesitas para tus aspiraciones a un estilo de vida de **alta costura**. Un día quiero ser diseñador y vestir a los famosos del día en mis creaciones de inspiración.

Pablo

el amante de la moda	fashion lover
la marca	brand, label
de nacimiento	born, by birth
seguir siendo	to continue to be
actual	current
la pasarela	catwalk
la alta costura	haute couture

1 **Completa las frases.**
Complete the sentences.

1 Venezuelans love to …
2 This area of Latin America has produced …
3 Oscar de la Renta was born in …
4 As well as exclusive red-carpet gowns, he also designs …
5 Carolina Herrera is another favourite with …
6 As well as the clothes, these labels produce …

¡A COMPRAR REGALOS!

Caracas tiene numerosos centros comerciales que ofrecen una gran variedad de tiendas, restaurantes, cines y otros locales para **actividades de ocio** y celebraciones. El Centro Comercial Sambil, situado en la Avenida Libertador, es el más grande de Venezuela. En la misma zona de Sabana Grande se encuentra el Recreo otro de los destinos más populares para comprar moda, zapatos, comida, regalos y toda variedad de artículos necesarios. Me encanta visitar las tiendas aquí en la época navideña con sus decoraciones y el gran árbol de Navidad en el centro. Si necesito comprar regalos para mi familia o mis amigos, aquí es donde vengo. **Sin embargo**, mi familia en el extranjero prefiere regalos de **artesanía** típica que le recuerdan sus **raíces** y tradiciones. Me encanta pasear por los mercados artesanales y mirar los puestos con sus artefactos como las hamacas de las comunidades indígenas y las coloridas máscaras de los Diablos danzantes de Yare. Esas son cosas demasiado grandes para enviar al extranjero pero siempre encuentro algo como un portarretrato de madera, una figura religiosa o unos chocolates **hechos de** nuestro famoso cacao **amargo**.

Beatriz

la actividad de ocio	leisure activity
sin embargo	however
la artesanía	crafts
las raíces	roots
hecho de	made from
amargo/a	bitter

2 Contesta las preguntas.
Answer the questions.

1 What do the shopping centres offer people?
2 What is the Centro Comercial Sambil famous for?
3 When does Beatriz like going to these shopping centres and why?
4 Why does her family abroad prefer typical crafts as presents?
5 Who are the traditional hammocks made by?
6 What type of presents does Beatriz send her family abroad?

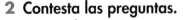

Mi mundo, tu mundo

Explore popular fashion trends in your own country.

Research the festival of the Dancing Devils of Yare and compare it to any festival in your country that involves dressing up in costumes.

A reforzar

1 ¿Qué llevan? Empareja las descripciones con las personas.
What are they wearing? Match the descriptions to the people.

J Balvin

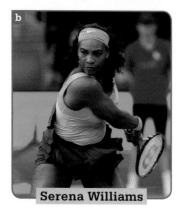

Serena Williams

Reina Letizia de España
y la infanta Sofía

1 Lleva una falda corta negra y una camiseta
   blanca y anaranjada y unos tenis de color
   gris y naranja.

2 La madre lleva un pantalón negro y una
   camisa negra de puntos blancos. Además
   lleva un bolso rosado. Su hija lleva un
   vestido azul con una camisa blanca.

3 Los hombres llevan un traje negro con
   camiseta blanca y corbatín negro. Las
   mujeres llevan vestidos rosados largos.

4 Lleva unos bluejeans negros, una sudadera
   con capucha roja, una camiseta blanca y
   una chaqueta roja.

ganadores de los Oscar

**2 Escribe lo que lleva cada
persona. Usa la Actividad 1
como modelo.**
*Write what each person is wearing.
Use Activity 1 as a model.*

**3 Imagina que estás en una
tienda. Túrnate con tu
compañero/a.**
*Imagine you are in a shop.
Take turns with your partner.*

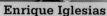

Enrique Iglesias

Lionel Messi

¿Qué talla/número usa?

No me gusta el color.

Es demasiado pequeño.

¿Lo tiene en rojo/la talla 40?

Quiero comprar una sudadera negra.

¿Qué talla usa?.

A practicar

1 Lee el anuncio. Lee las frases y escribe V (verdadero), F (falso) o X (no mencionado).
Read the advert. Read the sentences and write V (true) or F (false) or X (not mentioned).
1 V

> ### ¡Bienvenidos al Centro Comercial Miramar!
>
> Aquí tienen todas las tiendas de alta calidad para todas sus necesidades, junto con un hipermercado con lo más fresco en alimentos. Visítenlo en el piso bajo al final, al lado de la floristería y la farmacia.
>
> En el primer piso hay tiendas de ropa, zapaterías, una perfumería, una librería y, para los que quieren descansar, también hay una cafetería donde se sirven refrescos y bebidas durante todo el día.
>
> Arriba, en el segundo piso está la zona para comer, con restaurantes para toda la familia, pizzerías y establecimientos de comida rápida. Hay algo para todos los gustos. Además, en el tercer piso tenemos un cine con ocho salas y un salón de juegos. ¡Es lo más divertido!
>
> El parking es gratis todos los días en los pisos subterráneos.

1 The cinema is on the top floor.
2 The hypermarket is accessed from the car park.
3 The main shops for clothes are found on the second floor.
4 The food court is on the first floor.
5 The sweet shop is next to the cinema.
6 The pharmacy is on the same floor as the florist's.

2 Escribe una descripción de tu centro comercial favorito.
Write a description of your favourite shopping centre.
- ¿Qué tiendas hay?
- ¿Qué hay en cada piso?
- ¿Qué se vende en las tiendas?
- ¿Qué más hay en el centro comercial?
- ¿En tu opinión, ¿cuál es la tienda más interesante?

3 Escucha a cada persona. ¿Qué tienda necesita visitar? (1–5)
Listen to each person. What shop do they need to go to?
1 la perfumería

62

4 Habla con tu compañero/a.
Talk to your partner.

¿Cuál es la ocasión especial? | ¿Qué vas a llevar? | ¿Qué regalo vas a comprar? | ¿Para quién?

¿Cuál es la ocasión especial? | Es el cumpleaños de mi prima.

A ampliar

1 **¿Quién es? Lee los mensajes. Escribe R (Rubi), D (Daniel) o R+D (Rubi y Daniel).**
Who is it? Read the messages. Write R (Rubi), D (Daniel) or R+D (Rubi and Daniel).
1 D

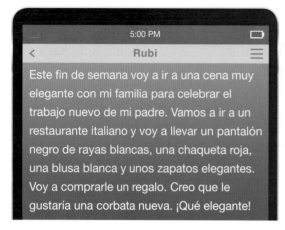

5:00 PM

Rubi

Este fin de semana voy a ir a una cena muy elegante con mi familia para celebrar el trabajo nuevo de mi padre. Vamos a ir a un restaurante italiano y voy a llevar un pantalón negro de rayas blancas, una chaqueta roja, una blusa blanca y unos zapatos elegantes. Voy a comprarle un regalo. Creo que le gustaría una corbata nueva. ¡Qué elegante!

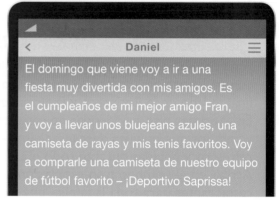

Daniel

El domingo que viene voy a ir a una fiesta muy divertida con mis amigos. Es el cumpleaños de mi mejor amigo Fran, y voy a llevar unos bluejeans azules, una camiseta de rayas y mis tenis favoritos. Voy a comprarle una camiseta de nuestro equipo de fútbol favorito – ¡Deportivo Saprissa!

1 Va a celebrar un cumpleaños.
2 Va a salir con su familia.
3 Va a comprar un regalo.
4 Va a llevar ropa de rayas.
5 Va a cenar en un restaurante.
6 No tiene que llevar ropa muy elegante.

63

2 **Escucha las conversaciones y escribe. ¿Qué quiere comprar cada persona y cuánto cuesta? (1–3)**
Listen to the conversations and write. What does each person want to buy and how much does it cost?

3 **Escribe una conversación para cada tienda.**
Write a conversation for each shop.

En la tienda de comestibles

En la tienda de ropa

Describe tres cosas que quieres comprar.

¿Hay algún problema?

¿Qué solución hay?

¿Cuánto cuesta?

4 **Practica las conversaciones con tu compañero/a.**
Practise the conversations with your partner.

Talk about shops and items sold

Say where different shops are	*La farmacia está en el primer piso.*
Describe where shops are	*La farmacia está a la derecha de la librería.*
Say what is sold in certain shops	*En la panadería se vende pan.*
Use ordinal numbers	*La perfumería está en el segundo piso.*

Talk about what I need to buy and quantities

Identify different items I need to buy	*Necesito comprar champú.*
Say what I'm lacking	*Me falta protector solar.*
Ask for specific quantities	*Quiero un kilo de papas, por favor.*
Ask for specific containers	*Quiero dos latas de tomates/un paquete de galletas.*
Use larger numbers	*Necesito quinientos gramos de mantequilla.*
Ask and understand the price of items	*¿Cuánto cuesta?*
	Cuesta cinco dólares.
	Cuestan veinte dólares cincuenta.
Say that's all	*Nada más, gracias.*

Talk about clothes

Say what I'm going to wear	*Voy a llevar un traje.*
Give detailed descriptions of clothes	*una camiseta rosada de rayas*
Specify different occasions	*para una fiesta, para una entrevista*
Use demonstrative adjectives	*este traje, esa falda, aquellos zapatos*
Compare items	*Esta camisa es más grande que esa camisa.*
	Esta camisa es la más grande.

Go shopping for clothes

Ask for specific items in a clothes shop	*Busco unos guantes negros, por favor.*
Say what I need in a clothes shop	*Necesito unos shorts más grandes.*
Ask for my size	*La talla pequeña, por favor.*
	¿Tiene la talla 44?
Use direct object pronouns	*Quiero probármelo.*
Describe problems with clothes	*Los guantes son demasiado pequeños.*
Use the superlative	*Aquellas faldas son las más caras.*

Buy gifts

Choose a present for someone	*Voy a comprarle un CD.*
Say who a present is for	*Es para mi abuelo.*
Say the occasion the present is for	*Voy a comprarle flores para su aniversario.*
Suggest what someone can buy	*¿Por qué no compras un póster?*
Use possessive adjectives	*mi/tu/su camiseta*
	mis/tus/sus calcetines
Say why I choose an item	*Compro los zapatos porque son elegantes.*
Use indirect object pronouns	*Voy a comprarle un regalo.*
Use an appropriate exclamation	*Gracias por el regalo. ¡Que chévere!*

En el centro comercial / In the shopping centre

la carne	meat
las flores	flowers
la fruta	fruit
las joyas	jewellery
los libros	books
el pan	bread
el papel	paper
la pizza	pizza
el reloj	watch
los zapatos	shoes
el estacionamiento	the car park
una cafetería	a café
una carnicería	a butcher's
una confitería	a sweet shop
una farmacia	a pharmacy
una floristería	a florist's
una frutería	a fruit shop
una juguetería	a toy shop
una librería	a bookshop
un mercado	a market
una panadería	a baker's
una pastelería	a cake shop
una perfumería	a perfume shop
un supermercado	a supermarket
una tienda de comestibles	a grocer's
una tienda de ropa	a clothes shop
una zapatería	a shoe shop
Se vende(n) …	We/They sell …
Está …	It's …
en el piso bajo	on the ground floor
en el primer piso	on the first floor
en el segundo piso	on the second floor
a la derecha	on the right
a la izquierda	on the left
al final	at the end
enfrente	opposite

¿Qué hay en tu maleta? / What is in your suitcase?

Hay …	There's …
un cepillo	a hairbrush
un cepillo de dientes	a toothbrush
un champú	shampoo
una crema dental	toothpaste
un desodorante	deodorant
un jabón	a bar of soap
unas gafas de sol	sunglasses
un gel de ducha	shower gel
un perfume	perfume
un protector solar	suncream
una revista	a magazine

¿Qué desea? / What would you like?

un kilo de	a kilo of
un medio kilo de	half a kilo of
un cuarto kilo de	a quarter kilo of
un kilo y medio	a kilo and a half of
dos kilos	two kilos
(setecientos) gramos	(700) grams
una botella de	a bottle of
una caja de	a box of
un cartón de	a carton of
una lata de	a tin of
un paquete de	a packet of

Los comestibles / Groceries

el aceite	oil
el ajo	garlic
el arroz	rice
el azafrán	saffron
las cebollas	onions
las galletas	biscuits
los huevos	eggs
la leche	milk
la mantequilla	butter
las manzanas	apples
las papas	potatoes
el pescado	fish
el queso	cheese
la sal	salt
los tomates	tomatoes

¿Necesitas … ? / Do you need …?

No tengo …	I don't have any …
Me falta/faltan …	I'm missing…/I need …
Necesito …	I need …
… por favor.	… please
¿Algo más?	Anything else?
No, nada más, gracias.	Nothing else, thank you.
Aquí tiene.	Here you go.
¿Cuánto es?	How much is it?
Es/Son (cinco dólares)	It's/They're $5.
¿Cuánto cuesta?	How much is it?
Cuesta(n) (veinte dólares).	It's/They're $20.

¿Qué vas a llevar? / What are you going to wear?

Voy a llevar …	I'm going to wear …
un abrigo	a coat
una blusa	a blouse
unas botas	some boots
unos calcetines	some socks
una camisa	a shirt
una camiseta	a t-shirt
una chaqueta	a jacket
un cinturón	a belt
una corbata	a tie

una falda	a skirt
una gorra	a cap
unos guantes	gloves
un pantalón	trousers
unos shorts	shorts
un sombrero	a hat
una sudadera	a sweatshirt
una sudadera con capucha	a hoody
un suéter	a sweater
unos tenis	trainers
un traje	a suit
unos bluejeans	jeans
un vestido	a dress
unos zapatos	shoes
… para la entrevista	for the interview
… para la fiesta	for the party

¿De qué tela es?   What's it made of?

Es de …	It's (made of) …
algodón	cotton
cuero	leather
lana	wool
seda	silk
terciopelo	velvet

¿Cómo es?   What's it like?

Es …	It's …
a cuadros	checked
de puntos	polka dot
de rayas	striped

Los colores   Colours

amarillo/a	yellow
anaranjado/a	orange
azul	blue
blanco/a	white
café	brown
gris	grey
morado/a	purple
negro/a	black
rojo/a	red
rosado/a	pink
verde	green
azul claro	light blue
azul oscuro	dark blue
Odio/Detesto el verde.	I hate green.
Es …	It's …
cómodo/a	comfortable
corto/a	short
elegante	elegant, smart
grande	big
incómodo/a	uncomfortable
largo/a	long
pequeño/a	small

¿En qué puedo servirle?   How can I help you?

Busco …	I'm looking for …
Quiero comprar …	I want to buy …
Quisiera …	I would like …
¿Tiene …?	Do you have …?
Prefiero	I prefer
¿Qué número/talla usa?	What size do you wear?
¿Lo tiene en …	Do you have it in …?
¿De qué color/número/talla?	What color/size?
¿Lo/La/Los/Las tiene en la talla …?	Do you have it/them in size…?
¿Puedo probármelo/probármela?	Can I try it on?
Es demasiado grande/pequeño.	It's too big/small.

Regalos   Presents

¿Qué quieres comprar?	What do you want to buy?
Voy a comprar …	I'm going to buy …
Le compro …	I buy … for him/her
¿Qué quieres comprar para …?	What do you want to buy for …?
unos dulces	sweets
una camiseta de fútbol	a football shirt
un CD (de …)	a CD (of …)
un DVD	a DVD
un libro	a book
un portarretrato(s)	a photo frame
un póster	a poster
una pulsera	a bracelet
una taza	a mug
¿Para quién es el regalo?	Who's the present for?
Es para …	It's for …
mi madre	my mother
mi padre	my father
mi novio/a	my boyfriend/girlfriend
mi hermano/a	my brother/sister
mi mejor amigo/a	my best friend
¡Qué …!	How …!
aburrido/a	boring
bonito/a	pretty, beautiful
chévere	great
divertido/a	fun
emocionante	exciting
feo/a	ugly
genial	great
grande	big
pequeño/a	small
práctico/a	practical
para el cumpleaños de mi madre	for my mother's birthday
para su santo	for his/her saint's day
para San Valentín	for Valentine's Day
como regalo de Navidad	as a Christmas present

4 NOS DIVERTIMOS mucho

- Say what I do in different weather
- Talk about indoor activities
- Use *jugar*

4.1 Prefiero quedarme en casa

1 Escucha y escribe las letras. Después, escucha, repite y representa las acciones con mímica. (1–10)
Listen and write the letters. Then listen, repeat and mime the actions.
1 d

a Hace mal tiempo.

b Hace buen tiempo.

c Hace calor.

d Hace frío.

e Hace viento.

f Hace fresco.

g Hay tormenta.

h Hay un huracán.

i Hay niebla.

j Llueve.

2 Elige las palabras correctas.
Choose the correct words.
1 Hace

1 **Hace / Hay** mal tiempo hoy.
2 Hace mucho viento. **Hay / Hace** un huracán.
3 Hace muy **buen / bueno** tiempo hoy.
4 Hoy **llueve / niebla** mucho.
5 No llevo suéter y **hace / hay** mucho frío.
6 No hace sol y **hay / hace** niebla.

3 Escucha y escribe las letras. (1–6)
Listen and write the letters.
1 b

Nueva York

a el invierno

b la primavera

c el verano

d el otoño

el Caribe

e la temporada de lluvias

f la temporada seca

> **Gramática**
>
> *hace* and *hay* are used to describe most types of weather.
> *En Caracas hoy hace mucho calor.* It's very hot in Caracas today.
> *Hay tormenta en el Caribe.* There's a storm in the Caribbean.
>
> For rain and snow, the verbs *llover* and *nevar* are used.
>
> *Hoy llueve mucho en Bogotá.* It's raining heavily in Bogota today.
> *Generalmente, no nieva en el Caribe.* Generally, it doesn't snow in the Caribbean.
>
> You can also say *Está lloviendo mucho.* It's raining heavily.

4 Escribe la estación y la letra de la actividad para cada persona.

Write the season and the letter for the activity for each person.

1 verano – e

En **primavera / otoño**, hace fresco pero brilla el sol. Me gusta _____.

En **verano / invierno**, hace calor. Me gusta _____.

En **primavera / invierno**, hace mucho frío y viento y _____.

Cuando llueve mucho en **verano / otoño**, prefiero quedarme en casa y _____.

En la **temporada seca / de lluvias** hace buen tiempo. Vienen muchos turistas a _____.

a visitar el Caribe
b pasear en el parque
c leer o jugar videojuegos
d no me gusta salir
e jugar al voleibol en la playa

5 Escribe las palabras que faltan.

Write the missing words.

| calor | llueve | lluvias | seca |
| ~~estaciones~~ | jugamos | hace | juego |

1 estaciones

Para: linda@…

Querida Linda,

Vivo en una isla en el caribe. Aquí en Trinidad hay dos
(1) _____. La temporada de lluvias y la temporada seca.
Generalmente hace mucho (2) _____. En la temporada de
(3) _____ hace fresco y a veces (4) _____ viento. También
(5) _____ mucho todos los días, entonces paso mucho tiempo
en casa con mi familia. (6) _____ a las cartas y juegos de
mesa. En la temporada (7) _____ hace calor todos los días.
Me encanta pasar tiempo en la playa con mis amigos y casi
siempre (8) _____ al fútbol después de la escuela.

¿Y tú? ¿Cómo estás?

Saludos,

Gabriela

Gramática

jugar is a stem-changing verb.

j**ue**go — I
j**ue**gas — you (inf sing)
j**ue**ga — he/she/you (f sing)
jugamos — we
j**ue**gan — you (pl)/they

jugar is followed by *a* when you talk about sports and games.

Cuando llueve, juego a las cartas con mi hermano.
When it's raining, I play cards with my brother.

Remember that *a + el* becomes *al*:

Mis amigos y yo jugamos al tenis.
My friends and I play tennis.

What patterns can you spot in *jugar* that will help you remember the different forms? Can you use this to help you memorise other stem-changing verbs?

6 Lee el correo electrónico otra vez. Habla con tu compañero/a.

Read the email again. Talk to your partner.

¿Dónde vive Gabriela?   Vive en Trinidad en el Caribe.

7 Escucha y pon las imágenes en orden. (1–8)

Listen and put the pictures in order.

66

1 b

cocino

toco un instrumento

dibujo

pinto

leo

bailo

colecciono

navego en Internet

8 Lee los textos. Contesta las preguntas.

Read the texts. Answer the questions.

1 Rubén

Nelly

Vivo en Bogotá. Generalmente hace frío pero me encanta porque me gusta llevar abrigo y botas. En enero y febrero hace bastante viento. Y de septiembre a noviembre hay muchas tormentas y llueve mucho. Cuando hace mal tiempo, siempre estoy en casa y leo mucho.

Jamal

Vivo en Jamaica. El clima es tropical. Siempre hace mucho calor y generalmente hace buen tiempo. Ahora hay un huracán, está lloviendo mucho y también hace mucho viento. Mi familia y yo estamos en casa. Juego videojuegos con mi hermano y a veces todos jugamos juegos de mesa.

Rubén

En Canadá hay cuatro estaciones. Mi favorita es el invierno. Hace bastante frio y generalmente nieva en enero y en febrero. Cuando hay tormentas de nieve, paso mucho tiempo en mi habitación. Generalmente veo la televisión o colecciono tarjetas de fútbol.

¿Quién …

1 ve la televisión en invierno?

2 prefiere llevar ropa de invierno?

3 se queda en casa cuando nieva?

4 juega juegos con su familia cuando llueve y hace viento?

5 se queda en casa y lee cuando no hace buen tiempo?

6 vive en una isla caribeña?

9 Completa las frases con tus propias ideas.

Complete the sentences with your own ideas.

- Cuando hace mal tiempo, ….
- Cuando hay un huracán, …
- En la temporada de lluvias …
- Cuando hace mucho calor, …

¿Sabes …?

Pouring with rain? Use these expressions.

¡Está lloviendo a cántaros!

¡Está cayendo un palo de agua!

¡Está cayendo un aguacero!

10 Lee el correo electrónico. Contesta las preguntas.

Read the email. Answer the questions.

Para: Paco@…

Asunto: ¿Qué tal?

Hola Paco,

Estoy de vacaciones en Ecuador con mi familia. Todos las mañanas hace sol y bastante calor y hacemos muchas actividades al aire libre. Sin embargo, como es la temporada de lluvias, llueve mucho todas las tardes y a veces hay tormentas. ¡Mira la foto! Cuando hace mal tiempo, pasamos mucho tiempo en el hotel. Mamá y papá prefieren jugar juegos de mesa. A veces mamá lee o chatea con sus amigas. Yo paso tiempo en las redes sociales con mis amigos, pero prefiero jugar videojuegos. Mi hermano Joel siempre quiere ver la TV o dibujar carros. Hoy quiero jugar al fútbol pero está lloviendo a cántaros.

¿Y tú? ¿Cómo te va? ¿Qué tiempo hace en Barbados? ¿Qué prefieres hacer en esta estación?

Saludos,

Carlos

---

1 Why is Carlos in Ecuador?
2 What is the weather generally like?
3 What does the family do when the weather is good?
4 What do Carlos's parents prefer to do when there is bad weather?
5 What does Carlos prefer to do when there is bad weather?
6 Why can't Carlos do what he wants to do today?

11 Elige las formas correctas de los verbos.

Choose the correct forms of the verbs.

1 prefiero

1 Cuando hace mucho sol, yo **prefieres / prefiero** dibujar o pintar en casa.
2 Ella **prefieres / prefiere** escuchar música en casa cuando está lloviendo mucho.
3 Cuando hay un huracán, mis hermanos y yo **prefiero / preferimos** quedarnos en casa.
4 Hoy **quiero / quieres** jugar al tenis con mi amiga pero llueve mucho.
5 Cuando nieva, mis amigos y yo siempre **queremos / quieren** jugar videojuegos.
6 Está lloviendo mucho y hace frío. ¿**Quiero / Quieren** ver la televisión?

12 Habla con tu grupo sobre lo que prefieres hacer.

Talk to your group about what you prefer doing.

> Cuando hace mal tiempo, quiero ver la televisión. ¿Y tú qué quieres hacer?

> Ver la televisión es aburrido. Prefiero navegar en Internet.

Gramática

preferir (to prefer) and *querer* (to want) are stem-changing verbs. Both are followed by the infinitive.

prefiero	I
prefieres	you (inf sing)
prefiere	he/she/you (f sing)
preferimos	we
prefieren	you (pl)/they

quiero	I
quieres	you (inf sing)
quiere	he/she/you (f sing)
queremos	we
quieren	you (pl)/they

Cuando hace mal tiempo, prefiero leer.

Mi hermano siempre quiere jugar videojuegos cuando llueve.

4.2 Me gusta salir

- Talk about outdoor activities
- Say what my friends and I like
- Use structures with the infinitive

1 Empareja las frases con las fotos.
Match the sentences and the photos.

1 e

1 Me gusta ir a fiestas con mis amigas.
2 Cuando hace calor me gusta ir a la playa.
3 Los sábados me gusta ir a partidos con mi familia.
4 Me gusta ir al museo porque pinto mucho.
5 Me fascina ir a conciertos.
6 Cuando hace buen tiempo me gusta ir de paseo al parque.
7 Cuando hace frío me gusta ir al café.
8 Cuando hace mal tiempo me gusta ir al cine.

¡Nota!
a + el = al

2 Escucha y repite las frases de la Actividad 1. (1–8)
Listen and repeat the sentences in Activity 1.

67

3 Empareja las frases.
Match to make sentences.

1 f

1 Me gusta ver deportes en la TV
2 Voy mucho a la piscina
3 Me encantan las películas de acción
4 Mi mamá y sus amigas
5 Mis amigos juegan al voleibol en la playa
6 Vamos al polideportivo esta tarde

a pero mi hermano y yo preferimos jugar al críquet.
b y prefiero ir al cine para verlas.
c prefieren ir al café para hablar.
d ¿prefieres jugar al tenis o al bádminton?
e pero prefiero ir a la playa y nadar en el mar.
f pero prefiero ir al partido.

4 Habla con tu compañero/a.
Talk to your partner.

¿Qué te gusta hacer cuando vas ...?

al centro comercial

al polideportivo

a la playa

al parque

¿Qué te gusta hacer cuando vas al centro comercial?

Cuando voy al centro comercial, me gusta ir al café.

5 Lee la conversación. Lee las frases y escribe V (verdadero) o F (falso).
Read the conversation. Read the sentences and write V (true) or F (false).

1 F

CM23:	¿Cuál es tu pasatiempo favorito?
Mo@0102:	Mi pasatiempo favorito es el básquetbol. Cuando hace mal tiempo prefiero jugar videojuegos.
CM23:	Mi pasatiempo favorito es coleccionar tarjetas de animales.
Mo@0102:	¿Y tú, Nana? ¿Cuál es tu pasatiempo favorito?

Escribe un mensaje …

Nana1:	Cuando hace buen tiempo mi pasatiempo favorito es ir a la playa.
CM23:	¿Qué haces cuando hace mal tiempo?
Nana1:	Cuando hace mal tiempo mi pasatiempo favorito es ir al café con mis amigas.
CM23:	No aguanto el frío. Prefiero hacer actividades al aire libre cuando hace calor.

1 Mo@0102 likes to play basketball in all weathers.
2 CM23 likes spending time on his card collection.
3 Nana1 likes being outside when the weather is good.
4 Nana1 likes going to the café with friends when the weather isn't good.
5 CM23 enjoys doing outdoor activities when the weather is cold.
6 CM23 loves the cold weather.

Gramática
When talking about your favourite activities, you can use a noun or an infinitive phrase after the verb *ser*.
Mi pasatiempo favorito es el fútbol.
Su pasatiempo favorito es ir al cine.

6 Escucha. Copia y completa el cuadro. (1–4)
Listen. Copy and complete the table.

Señor Morales

Vivian

Nacho

Señora Gálvez

Quién	Pasatiempo favorito	Cuando hace mal tiempo	No aguanta
1 *Nacho*	*montar en bicicleta*		
2			

¡Nota!
Remember to use the formal *usted* forms when talking to adults you don't know well or who are in a position of authority.

7 Escribe un párrafo de lo que te gusta y no te gusta hacer.
Write a paragraph on what you like and don't like doing.

Cuando hace buen/ mal tiempo …

Me gusta … pero prefiero …

No aguanto … porque …

Gramática
No aguanto means 'I can't stand'. It behaves like *me gusta/quiero/prefiero* and can be followed by an infinitive or a noun.
No aguanto ir a los partidos de fútbol.
I can't stand going to football matches.
No aguanto la lluvia.
I can't stand the rain.

8 Escucha y busca. Escribe los números.

Listen and find. Write the numbers.

69

2, …

 1
 2
 3
 4

 5
 6
 7

 8
 9
 10
 11

un pantalón
un suéter
un traje de baño
un vestido
una blusa
una camisa
una camiseta
una falda
una sudadera
unos tenis
unos zapatos

Organising vocabulary can make it easier to memorise. How has the clothes vocabulary been organised?

9 ¿Qué llevan? Escucha y escribe. (1–6)

70

What do they wear? Listen and write.

1 unos tenis

10 Escucha otra vez. Escribe las actividades. (1–6)

70

Listen again. Write the activities.

1 hacer deporte

11 Habla con tu compañero/a.

Talk to your partner.

¿Qué te gusta llevar cuando juegas al voleibol?

Me gusta llevar unos shorts y una camiseta.

12 Completa las frases con tus propias ideas.

Complete the sentences with your own ideas.

- Cuando voy a las fiestas, prefiero llevar …
- No me gusta nada llevar …
- Para el colegio tengo que llevar …
- Cuando hace mucho calor, …

To describe clothing:
cómodo/a comfortable
fresco/a cool
incómodo/a uncomfortable
lindo/a pretty
práctico/a practical

13 Lee el correo electrónico. Lee las frases y escribe V (verdadero) o F (falso).
Read the email. Read the sentences and write V (true) or F (false).

1 F

Para: María@…

Asunto: ¿Cuál es tu actividad favorita?

Hola María Elena,

Me gustan mucho las actividades al aire libre. Soy muy activo y me encanta cuando hace buen tiempo porque puedo ir a la playa y pasar tiempo con mis amigos. Me gusta nadar pero prefiero el surf. Es divertido y emocionante hacer surf cuando hace viento. Cuando voy a surfear me gusta llevar ropa cómoda. Generalmente, llevo shorts y camisetas porque son frescos. No aguanto los pantalones largos porque son muy incómodos. También me gusta ir a conciertos de salsa porque me gusta la música colombiana. Cuando voy a un concierto me gusta llevar bluejeans y polos casuales. También me gustan los tenis porque son prácticos y cómodos para bailar. ¿Y tú, María Elena? ¿Cuál es tu actividad favorita?

Saludos

Ricardo

1 Ricardo prefers indoor activities.
2 He likes to go to the beach when there is good weather.
3 Swimming is his favourite activity.
4 He thinks surfing is difficult on windy days.
5 He likes wearing cool clothes to go surfing.
6 He prefers shorts to long trousers because they are more comfortable.
7 He doesn't like Latin music.
8 He wears trainers to concerts because they are comfortable for dancing.

14 Escribe las palabras que faltan.
Write the missing words.

nos	cómoda	quedarme
~~deportista~~	favorita	
veces	voy	redes

1 deportista

15 Escucha. Copia y completa el cuadro. (1–6)
Listen. Copy and complete the table.

71

	Deporte favorito/ actividad favorita	¿Por qué?
1	*tenis*	*es muy activo*
2		

Para: Ricardo@…

Asunto: Las cosas que me gusta hacer.

Hola Ricardo,

Veo que eres muy (1) _____. Yo prefiero (2) _____ en casa y ver la televisión o pasar tiempo en las (3) _____ sociales. También me gusta mucho ir al cine. Es mi actividad (4) _____. A (5) _____, los sábados (6) _____ al cine con mi mamá y mi hermana. (7) _____ gustan mucho las películas de aventuras porque son muy divertidas. Para ir al cine me gusta llevar ropa (8) _____ como una sudadera y unos bluejeans.

Un abrazo

María Elena

16 Escribe un correo electrónico a un amigo/a. Incluye razones.
Write an email to a friend. Include reasons.

mi actividad favorita   mi deporte favorito   me gusta llevar

4.3 ¡Soy aficionado!

- Talk about cinema
- Describe my sporting hero
- Use *desde hace*

 1 Escucha y busca. Escribe los números en orden.
72
Listen and find. Write the numbers in order.
4, …

1 de terror

2 de ciencia ficción

3 cómicas

4 de aventura

Las películas ...

5 de acción

6 de dibujos animados

7 policiacas

8 románticas

 2 ¿Qué tipo de películas prefieren? ¿Por qué? Escucha y escribe los detalles. (1–6)
73
What kind of films do they prefer? Why? Listen and write the details.
1 de acción – muy interesantes

3 Empareja las preguntas con las respuestas.
Match the questions and answers.
1 b

1 ¿Qué tipo de películas prefieres?
2 ¿Cuál es tu película favorita?
3 ¿Qué películas no te gustan?
4 ¿Te gustan las películas de dibujos animados?
5 ¿Prefieres las películas de terror o las policiacas?
6 ¿Por qué te gustan tanto las películas de acción?

a Me gustan más las de crimen porque te tienen en suspenso.
b Me gustan las películas de intriga.
c Para mí las películas románticas son las más aburridas.
d Para mí son muy emocionantes y los efectos especiales son fantásticos.
e Me encanta la película de Aladino porque me gusta la música.
f A veces, pero pienso que son demasiado infantiles.

4 Habla con tu compañero/a.
Talk to your partner.

¿Qué tipo de películas prefieres?
Prefiero las películas de ciencia ficción.

¿Por qué?
Porque son emocionantes.

5 Lee las opiniones e identifica quién habla.
Read the opinions and identify who is speaking.
1 PURA_ACCIÓN

CINEFAN: Soy aficionada al cine desde hace muchos años. Me encanta todo tipo de películas. Generalmente voy al cine con mi amiga Sandrita porque ella también es aficionada al cine. Nos gustan las películas cómicas, las policiacas, y las de ciencia ficción. Yo prefiero las comedias porque son graciosas y ella prefiere las de intriga porque son fascinantes.

CINE LOCO: Desde hace diez años voy al cine una vez al mes. Soy aficionado al cine desde hace tiempo también, pero no me gustan todos los tipos de películas. No aguanto las comedias porque pienso que son muy tontas. Mi tipo de películas favoritas son las películas de ciencia ficción y las películas de aventuras. Me encantan porque me gustan mucho los efectos especiales.

PURA_ACCIÓN: No soy muy aficionado al cine pero desde hace tres años voy al cine con mis hijos todos los sábados. A ellos les encantan las películas de dibujos animados. Son infantiles pero a veces son muy graciosas e interesantes. Mi tipo de películas favoritas son las películas de acción. Me gustan porque son muy buenas y emocionantes.

1 Le gustan las películas de niños.
2 Hace muchos años que va al cine regularmente.
3 Le gustan películas que la hacen reír.
4 Va al cine regularmente desde hace poco tiempo.
5 No le interesan las películas cómicas.
6 Le gusta una variedad de tipos de película.

6 Escribe las palabras que faltan.
Write the missing words.
1 gustan

| terror | ~~gustan~~ | tipo | aguanto | desde | voy | de | pasatiempo |

Me (1) _____ muchas actividades al aire libre pero mi (2) _____ favorito es ir al cine. Soy aficionado al cine (3) _____ hace cinco años. (4) _____ al cine casi todos los fines de semana con mi papá. A los dos nos encantan las películas de (5) _____. Mi (6) _____ de películas favoritas son las películas (7) _____ aventuras y también las policiacas. Me gustan porque tienen mucha acción y también son muy emocionantes. No (8) _____ las películas románticas porque son muy aburridas. Cuando vamos al cine con mi mamá, ella siempre elige las películas románticas. ¡Es muy molesto!

Gramática

To talk about how long you have been doing something, you can use *desde hace*. You use it with the present tense.
Me gustan las películas de ciencia ficción desde hace mucho tiempo. I've liked science fiction films for a long time.

To ask questions, use it with *cuánto tiempo*. Again, you use the present tense.

¿Desde hace cuánto tiempo eres aficionado al cine? How long have you been a film fan?

7 Contesta las preguntas para ti.
Answer the questions for you.
- ¿Qué tipo de película prefieres?
- ¿Cuál es tu película favorita?
- ¿Qué películas no te gustan?

A mí me encantan las películas ... porque ...

8 **Escucha, busca y repite.**
74
Listen, find and repeat.

el equipo

el partido

el delantero

marcar un gol

el jugador

ganar

el balón de fútbol

9 **Elige las palabras correctas.**
Choose the correct words.
1 emocionante

1 Soy aficionado al fútbol porque es un deporte muy
malo / aburrido / emocionante.

2 El **equipo / juego / gol** de fútbol de mi escuela es
muy bueno.

3 Juan Carlos es el mejor **equipo / partido / jugador**
del equipo.

4 El **partido / delantero / fútbol** siempre juega
muy bien.

5 Mi equipo favorito es el **Barça / balón /
Lionel Messi**.

6 Mi jugador favorito **hace / jugar / marca** un gol
en casi todos los partidos.

¿Sabes ...?
Different words for the ball
used in football:
la pelota – Latin America
la bola – Puerto Rico
el balón – Spain

Most of these adjectives are
cognates of English. Can you
work out what they mean?
Look up any that aren't
familiar in a dictionary.

astuto/a	ingenioso/a
atlético/a	listo/a
competitivo/a	popular
diestro/a	rápido/a
hábil	trabajador(a)

10 **Escucha. Lee las frases y escribe V (verdadero) o
F (falso).**
75
Listen. Read the sentences and write V (true) or F (false).
1 V

1 A Annika le gusta el básquetbol.

2 Miguel es un aficionado al tenis.

3 A Pío le gustan todos los deportes.

4 Hace muchos años que le gusta el fútbol a Miguel.

5 El jugador favorito de Pío juega para un
equipo europeo.

6 Annika piensa que las jugadoras de básquetbol
tienen muchas habilidades.

Gramática
fascinar and *interesar*
behave like gustar.
Me fascinan los deportes.
I'm fascinated by sports.
*Me interesa mucho el
tenis.* I'm really interested
in tennis.

11 **Entrevista a tres compañeros y escribe las respuestas.**
Interview three classmates and write down their replies.

¿Cuál es tu
deporte favorito?

¿Por qué
te gusta?

¿A qué jugadores
admiras y por qué?

¿Desde hace cuánto
eres aficionado al ...?

12 Lee los bocadillos. Escribe los deportes.

Read the speech bubbles. Write the sports.

el críquet

el voleibol

el fútbol

el tenis

1 Me fascina este deporte porque los jugadores deben ser rápidos, atléticos y diestros. Prefiero ver los individuales masculinos pero también me gustan los dobles mixtos.

2 Me encanta este deporte porque los jugadores del equipo corren y saltan mucho. Es un deporte muy competitivo. Me fascina porque los partidos siempre son muy emocionantes. A veces mis amigos y yo lo jugamos en la playa.

3 Hace mucho tiempo que soy un aficionado a este deporte. Es muy popular en Suramérica pero a mí me interesan los equipos europeos y también la Copa Mundial. Los partidos siempre son muy emocionantes y me encanta cuando mi equipo favorito marca un gol. Los delanteros son generalmente jugadores ágiles y rápidos.

4 Este deporte es muy popular en las islas del Caribe. No es un deporte muy rápido y a veces los partidos son muy largos. Los jugadores deben ser muy ingeniosos.

13 ¿Cómo se dice en español? Busca en los textos de la Actividad 12.

How do you say it in Spanish? Find in the texts in Activity 12.

1 players
2 skilful
3 they jump
4 very competitive
5 fan
6 my team scores
7 forwards
8 clever

14 Escucha y contesta las preguntas.

Listen and answer the questions.

1 What sport does this team play?
2 Who has been a fan for ten years?
3 Who goes to all the matches?
4 How long has Rafael been a fan of the sport?
5 What does Rafael think of the players?
6 Why is Mateo Rafael's favourite player?

15 Escribe un artículo sobre tu equipo favorito. Describe los jugadores que más te gustan.

Write an article on your favourite team. Describe the players you like the most.

4.4 Con mi familia

- Say what I do with my family
- Talk about TV
- Use the 1st person plural

1 Mira y escribe las frases. Después, escucha y comprueba. (1–8)
Listen and write the letters.

1 vamos a misa

> llamamos a mis abuelos
> practicamos deporte
> salimos en familia
> vamos a misa
> vamos al parque
> vamos a la playa
> vamos de pícnic
> vemos la TV

2 Trabaja en grupo. Habla con tus compañeros.
Work in groups. Talk to your classmates.

> ¿Qué hace tu familia los fines de semana?

> Visitamos a familiares o vemos la televisión juntos.

3 Pon las frases en orden.
Put the sentences in order.

2, ...

1 Nos gustan mucho las actividades al aire libre y los domingos por la tarde vamos a la playa o a dar un paseo en el parque.
2 A nosotros nos gusta pasar mucho tiempo juntos los fines de semana.
3 Los sábados por la tarde vemos la TV y también llamamos a mis tíos y primas porque viven en Estados Unidos.
4 A veces, después de misa, visitamos a mis abuelos o salimos a comer en familia.
5 Los sábados por la mañana casi siempre practicamos deportes.
6 Los domingos siempre vamos a misa por la mañana.

4 Túrnate en grupo. Haz una cadena.
Take turns in groups. Make a chain.

> Los sábados por la mañana vamos al polideportivo.

> Los sábados por la mañana vamos al polideportivo y jugamos al tenis.

Gramática

The *'we'/nosotros form* is regular for most verbs. Can you devise a rule for these regular 1st person plural forms?

visitar   visitamos
comer   comemos
vivir   vivimos

Remember: verb endings tell you the subject of the verb, so pronouns are not generally needed. Use them only when comparing or contrasting:

Mis primos montan en bici los domingos, pero nosotros vemos la TV.
My cousins go cycling on Sundays but we watch TV.

Note the irregular forms for *ir* (*vamos*) and *ser* (*somos*). Verbs like *gustar* behave differently. How do you say 'we like' in Spanish?

5 **Escucha y empareja las fotos con las personas. (1–3)**

Listen and match the photos to the people.

1 f

¿Qué les gusta hacer en familia?

6 **Escucha otra vez. Escribe las actividades para cada persona. (1–3)**

Listen again. Write each person's activities.

1 pasamos tiempo al aire libre, …

> Celebramos el santo.
> Pasamos tiempo al aire libre/en casa.
> Vamos a la mezquita.
> Visitamos a familiares.

7 **Elige las formas correctas.**

Choose the correct forms.

1 salimos

1 Los sábados normalmente **salimos / vamos a salir** a cenar en familia.
2 Si hace buen tiempo mañana por la mañana, **vamos / vamos a ir** a la playa.
3 Siempre **vemos /vamos a ver** la TV juntos después de cenar.
4 El domingo es el santo de mi mamá y **vamos a almorzar / almorzamos** en un restaurante.
5 ¿Qué van a hacer este fin de semana? – **Jugamos / Vamos a jugar** al voleibol en la playa.
6 Siempre **vamos / vamos a ir** a misa los domingos.

8 **Habla con tu compañero/a.**

Talk to your partner.

> ¿Qué hacen los sábados?

> Salimos a comer en un restaurante y vamos al cine.

> los sábados por la mañana
> los fines de semana
> los domingos por la tarde

9 **¿Qué hace tu familia? Escribe un artículo para un blog sobre actividades familiares.**

What does your family do? Write an article for a blog on family activities.

Somos una familia muy unida y nos gusta pasar tiempo juntos.
Si hace buen tiempo, …

10 Mira y escribe los programas. Escucha y comprueba. (1–8)
Look and write the programmes. Listen and check.
1 el noticiero

EPISODIO
TRES

el concurso
el documental
el noticiero
el programa de deportes
el programa de música
el reporte de clima
la serie
la telenovela

Gramática

Look out for words that break the usual gender rules such as:
el día   el mapa
la foto   la moto

What is the gender of these words? Use a dictionary to check the ones you're not sure about.
drama, idioma, problema, radio, sofá, mano

11 Empareja las frases.
Match to make sentences.
1 b

1 ¿Les gustan las telenovelas
2 A mis primos les encantan los animales
3 En mi familia somos aficionados al fútbol
4 Mi hermana y yo somos fanáticas del pop
5 Después del noticiero
6 Nos gusta ver los concursos en familia

a y vemos los programas de música en la TV.
b que ven tu mamá y tú por las tardes?
c y ven documentales sobre la naturaleza.
d y participamos para ver quién contesta más preguntas.
e y vemos los programas de deportes juntos.
f mis padres siempre ven el reporte de clima.

12 Habla con tu compañero/a.
Talk to your partner.

¿Qué programas ven en familia?

Vemos muchos documentales juntos y también nos gustan los concursos.

¡Nota!
Remember that the plural 'you' and 'they' forms are the same.

¡Nota!
ver is a regular –er verb:
veo, ves, ve, vemos, ven

13 ¿Qué ven? Escucha y escribe.

What do they watch? Listen and write.

Daniela	su padre
su madre	su hermano
su hermano	todos

el noticiero – todos

14 Escucha otra vez. Contesta las preguntas.

Listen again. Answer the questions.

1 When do the family watch the news?
2 When do they watch scary films together?
3 Why does Daniela love soap operas?
4 Who can't stand soap operas?
5 What do they do on Sunday mornings if the weather's good?

15 Lee el chat. Lee las frases y escribe V (verdadero) o F (falso).

Read the chat. Read the sentences and write V (true) or F (false).

1 V

Luna: ¿Les gusta ver la tele con la familia?

Valle: A nosotros sí. Siempre vemos programas de concursos por las noches. Nos gustan mucho.

Pepe: En mi familia todos tenemos gustos diferentes.

Luna: ¿Qué programas ven en familia?

Pepe: Juntos solamente vemos el noticiero y a veces el reporte de clima.

Valle: Mi papá y yo tenemos gustos similares.

Pepe: ¿Qué programas ven?

Valle: Vemos muchas series. Nos gustan las series de acción y de aventuras.

Pepe: ¿Y ustedes, Luna? ¿Qué programas prefieren ver en la tele?

Luna: Nosotros vemos muchos tipos de programas. Mis favoritos son los programas musicales.

Valle: ¿Qué ven juntos los fines de semana?

Luna: Casi siempre vemos películas.

1 Valle watches game shows with his family at night.
2 Pepe's family have similar tastes in TV programmes.
3 Pepe watches the news and the weather with his family.
4 Pepe and his dad enjoy watching action series.
5 Valle enjoys watching adventure series.
6 Luna's favourite programmes are soap operas.
7 Luna's family only like watching musicals together.
8 Luna watches films with her family at the weekend.

16 Completa las frases con tus propios detalles.

Complete the sentences with your own details.

- En mi familia … *nos gusta ver los programas de deportes.*
- Este fin de semana …
- A todos nos gustan los programas de …
- Mis padres siempre ven …
- Somos aficionados a …
- Nunca vemos …

- Say what I did last weekend
- Talk about a special weekend
- Use the preterite

1 Empareja las frases con las imágenes.
Match the sentences and pictures.

1 f

¿Ayudas en casa, Óscar?

1 Tengo que ayudar a mi madre.
2 Después de cenar limpio la cocina.
3 Los sábados por la mañana barro el suelo.
4 Después de barrer, trapeo el piso.
5 Todas las semanas tengo que quitar el polvo.
6 A veces voy al supermercado.

2 Empareja los quehaceres.
Match the chores.

1 h

1	hacer	a	el carro
2	pasar	b	habitación
3	ir	c	la aspiradora
4	lavar	d	la cocina
5	arreglar mi	e	el polvo
6	barrer el	f	al mercado
7	limpiar	g	suelo
8	quitar	h	la cama

3 ¿Y tú? Escribe una lista de los quehaceres domésticos que haces.
And you? Write a list of the chores you do.

4 Escucha. Contesta las preguntas.

81

Listen. Answer the questions.
Who …

1 can't go to the shopping centre?
2 doesn't do many chores at home?
3 does the washing-up after dinner?
4 dusts sometimes?
5 cleans the house and hoovers?
6 helps to wash the car sometimes?
7 takes the rubbish out?
8 helps with the shopping?

5 Habla con tu compañero/a. Usa mímica para representar los quehaceres.
Talk to your partner. Mime the chores.

¿Lavas los platos?　　No, no lavo los platos.

¿Quitas el polvo?　　¡Sí!, quito el polvo.

6 ¿Qué hiciste el fin de semana pasado? Lee y escribe.
What did you do at the weekend? Read and write.
1 I helped my mother.

Ayudé a mi madre.

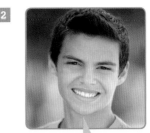

Limpié la cocina.

Fui al supermercado.

Visité a mis abuelos.

Barrí toda la casa y trapeé el piso.

No hice nada.

7 Escucha y escribe lo que hizo Ignacio el sábado.
Listen and write what Ignacio did on Saturday.
made his bed, …

8 Elige las formas correctas.
Choose the correct forms.
1 hice

1 El sábado pasado **hice / hago** los quehaceres toda la mañana.
2 El domingo pasado **preparé / preparo** el desayuno.
3 El domingo fui al cine y **vi / veo** una película con mi mamá.
4 El fin de semana pasado **estoy / estuve** en casa de mi abuelita.
5 El sábado almorcé en casa y después **voy / fui** al centro comercial con mis amigas.
6 El domingo no jugué al fútbol porque **tuve / tengo** que ayudar a mi hermanito.

Gramática

The preterite tense is used to talk about past completed actions. The 'I' / *yo* form of regular verbs ends in *–é/–í*.

ayud*ar*	ayud*é*	I helped
barr*er*	barr*í*	I swept
sal*ir*	sal*í*	I went out

Note these irregular forms:

estar	estuve	I was
hacer	hice	I did/made
ir	fui	I went
poder	pude	I could
ser	fui	I was
tener	tuve	I had

Gramática

In the preterite tense, the 'you' (singular)/*tú* form of regular verbs ends in *–aste/–iste*.

ayud*ar*	ayud*aste*
barr*er*	barr*iste*
sal*ir*	sal*iste*

The rule also works for irregular verbs.

estar	estuv*iste*
ser/ir	fu*iste*
hacer	hic*iste*
poder	pud*iste*
tener	tuv*iste*

¿Qué hiciste el fin de semana pasado? What did you do last weekend?
¿Dónde estuviste ayer? Where were you yesterday?

9 Escribe las palabras que faltan.
Write the missing words.

comí	descansé	bebí	vi	jugué	~~pedí~~

1 Pedí

Q| Archivo ☼ ▼

Publicado 10/02/17 11.18
....

El sábado fuimos a almorzar a mi restaurante favorito.
(1) _____ una hamburguesa con papas fritas y
ensalada y (2) _____ dos sodas. Luego de postre
(3) _____ un helado. El domingo visitamos a mis
abuelos por la mañana y después (4) _____ al
fútbol con mis amigos. Por la tarde no hicimos nada.
(5) _____ en mi habitación. Después por la noche
(6) _____ el partido en la tele con mi padre.

¡Nota!
Read the text in Activity 9
again. What is surprising
about the preterite
form *visitamos*?

10 ¿A dónde fueron? Escucha y escribe las letras. (1–3)
83
Where did they go? Listen and write the letters.

11 Escucha otra vez y contesta las preguntas. (1–3)
83
Listen again and answer the questions.

1 How often does Aurelia go to the
   shopping centre?
2 Why didn't she do any housework
   last Saturday?
3 What do Lara's family usually do
   when they're at home together?
4 How did they celebrate her birthday
   last week?
5 When does María help out at home?
6 Why did her father take her out
   last Sunday?
7 What did she buy at the game?
8 What made her day special?

Gramática

In the preterite tense, the 'he'/'she'/'it'/
él/ella forms of regular verbs end in
–o/–ió. 'they' / *ellos/ellas* forms end
in *–aron/–ieron*. So the tense in full looks
like this:

	–ar verbs	–er & –ir verbs
yo	compré	bebí
tú	compraste	bebiste
él/ella	compró	bebió
nosotros/as	compramos	bebimos
ellos/ellas	compraron	bebieron

12 Escribe las palabras que faltan.
Write the missing words.

| lavo | fuimos | hace | ~~ayudo~~ | hago | visitamos | limpio | fui |

1 ayudo

Para: Ferney@…

Hola Ferney,

¿Cómo está todo allá, en Valencia?

Mis días son muy tranquilos. Normalmente (1) _____ con los quehaceres de la casa. (2) _____ los platos todos los días después del desayuno y por lo general (3) _____ mi habitación todos los viernes. En mi casa todos tenemos que ayudar. Generalmente mi papá (4) _____ al supermercado y mi mamá cocina y lava la ropa. Los fines de semana normalmente descanso y no (5) _____ mucho pero el sábado pasado (6) _____ al partido con mi mejor amigo y después (7) _____ a mi abuelo. El domingo fue el cumpleaños de mi prima y (8) _____ a su casa para celebrar.

Escríbeme pronto y cuéntame de tu rutina.

Un abrazo

José Antonio

13 Escribe una respuesta al correo electrónico de José Antonio de la Actividad 12.
Write a reply to José Antonio's email in Activity 12.

14 Habla con tu compañero/a. Prepara una presentación.
Talk to your partner. Prepare a presentation.

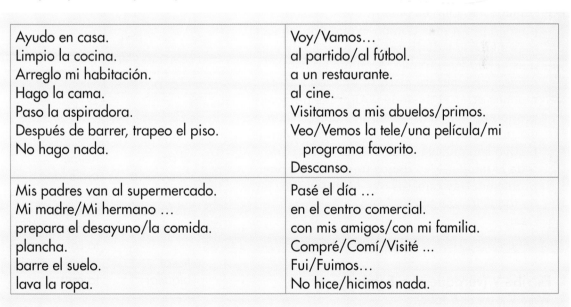

Ayudo en casa. Limpio la cocina. Arreglo mi habitación. Hago la cama. Paso la aspiradora. Después de barrer, trapeo el piso. No hago nada.	Voy/Vamos… al partido/al fútbol. a un restaurante. al cine. Visitamos a mis abuelos/primos. Veo/Vemos la tele/una película/mi programa favorito. Descanso.
Mis padres van al supermercado. Mi madre/Mi hermano … prepara el desayuno/la comida. plancha. barre el suelo. lava la ropa.	Pasé el día … en el centro comercial. con mis amigos/con mi familia. Compré/Comí/Visité … Fui/Fuimos… No hice/hicimos nada.

¿Ayudas en casa?
¿Quién cocina en tu casa?
¿Adónde va tu familia para celebrar los días especiales?
¿Qué haces en tu cumpleaños?
¿Qué hiciste para tu último cumpleaños?

¿Ayudas en casa?

Normalmente lavo los platos pero ayer cenamos fuera.

¡EN BICI POR COLOMBIA!

Hoy es un día fantástico para hacer actividades al aire libre. Hace sol y un poco de fresco. ¡Estoy lista! Tengo mi bici, mi **casco** y mi botella de agua. Como todos los domingos, hoy voy a ir a la **ciclovía** con mis amigos. Hoy día, el ciclismo recreativo es una de las actividades más populares aquí en Colombia.

Aquí en Cali, desde hace muchísimos años, todos los domingos entre las 8:00 de la mañana y las 2:00 de la tarde se cierran algunas **vías** principales. Esto es para que las personas puedan pasar más tiempo al aire libre, hacer más ejercicio y **disfrutar de** un estilo de vida más activo y saludable. A mí me apasiona montar en bicicleta, pero se pueden hacer muchas otras actividades. Algunas personas prefieren hacer **aero rumba**, bailar, patinar o simplemente **trotar** o correr. Es un ambiente festivo con música, comida y eventos para toda la familia. ¿No tienes una bici? No hay problema. Hay puestos que **alquilan** bicicletas de todos los tamaños.

Laura

el casco	helmet
la ciclovía	cycle lane
la vía	road
disfrutar de	to enjoy
el aero rumba	dance aerobics to Latin music
trotar	to jog
alquilar	to rent

1 Escribe V (verdadero) o F (falso).

Write V (true) or F (false).

1 Cycling was more popular as an activity in the past in Colombia.
2 All main roads are closed on Sundays in Cali.
3 These closures encourage healthy outdoor activities.
4 Laura also goes rollerskating on Sundays.
5 You can also get something to eat and listen to music.
6 You need to bring your own bike to use the cycle lanes.

LA SERIE DEL CARIBE

El béisbol es un deporte muy importante en la cultura de algunos países hispano-caribeños. Todos los años desde 1949 se celebra la Serie del Caribe en uno de los países participantes. Los mejores equipos de Cuba, Venezuela, Puerto Rico, República Dominicana y México participan en este **torneo** de béisbol profesional. Aquí en Venezuela el béisbol es el deporte más popular y muy querido. Muchas personas ven los partidos en la televisión, pero a otras les apasiona ir a los estadios y tomar parte en estos grandes eventos llenos de acción y emoción. Hay muchos equipos profesionales, pero el más famoso de todos, y el que ha ganado la mayor cantidad de juegos en la Serie del Caribe, es el equipo de los Navegantes del Magallanes. Otra cosa que quizás no saben muchas personas, es que algunos de los jugadores más **valiosos** de las ligas mayores estadounidenses son hispanos. El venezolano Luis Aparicio y Roberto Clemente de Puerto Rico son los primeros hispanos en ser incluidos en el **Salón de la fama** por sus grandes **aportes** a este deporte.
Carlos

CUBA correos 3
IX JUEGOS DEPORTIVOS PANAMERICANOS
1983

2 Contesta las preguntas.

Answer the questions.

el torneo	tournament
valioso/a	valuable
el Salón de la fama	Hall of fame
el aporte	contribution

1 How often is the Caribbean Series tournament played
2 Who plays in it?
3 Where is it played?
4 Why do many people prefer to go to the games in person?
5 Which country has had the most wins in the tournament?
6 What is the special achievement of the famous Hispanic players Luis Aparicio and Roberto Clemente?

Mi mundo, tu mundo

Create an informational brochure or poster promoting some outdoor activities that tourists would enjoy doing when they visit your country.
What is the most popular sport in your country? Why do people love it?

Otra vez

A reforzar

1 Escribe las palabras que faltan.
Write the missing words

hay	a	está	~~salgo~~	navegar
hace	jugar	quedarme		

1 salgo

Hoy no (1) _____ de casa. (2) _____ mal tiempo porque (3) _____ tormenta.
(4) _____ lloviendo a cántaros, hace viento y también mucho frío. Prefiero
(5) _____ en casa con mi familia. Quiero (6) _____ videojuegos o mirar la TV.
Mi mamá siempre juega (7) _____ las cartas con mi abuelita o lee revistas
de cocina. Mi papá y yo a veces jugamos juegos de mesa pero yo prefiero
(8) _____ en Internet o chatear con mis amigos.

2 Elige las formas correctas.
Choose the correct words.

1 prefiero

1 Yo **prefiero / preferimos** jugar al básquetbol.
2 Cuando hace calor, me gusta ir **a / al** la playa.
3 Me **encantan / encanta** las fiestas porque me gusta bailar.
4 No me gusta hacer actividades al aire libre cuando **hay / hace** frío.
5 Siempre quiero **voy / ir** al cine porque me gustan mucho las películas.
6 Cuando hace buen tiempo, me gusta **juego / jugar** al fútbol.

3 Lee la conversación. Lee las frases y escribe V (verdadero) o F (falso).
Read the conversation. Read the sentences and write V (true) or F (false).

Leo: ¿Cuál es tu deporte favorito?
Franco: Me interesa mucho el tenis pero prefiero el fútbol.
Leo: Yo también. ¿Desde cuándo eres aficionado?
Franco: Desde hace diez años ya. ¿Vas a muchos partidos?
Leo: Sí, voy todos los sábados con mis amigos. ¿Y tú?
Franco: Pues, no. Prefiero verlos en la TV. ¿Quién es tu jugador favorito?
Leo: Me gusta mucho Pietro, el número 11. Es un jugador muy ágil y
también es muy astuto.
Franco: Sí, es verdad. Mi favorito es Marco porque siempre marca muchos
goles. Es un delantero excelente.

1 F

1 Franco has been a tennis fan for ten years.
2 Both Leo and Franco are football fans.
3 Leo usually goes to matches on Saturdays with friends.
4 Franco prefers to watch matches on TV.
5 Leo's favourite player scores a lot of goals.
6 Franco likes the forward because he's fast.

4 Habla con tu compañero/a.
Talk to your partner.

¿Qué te gusta hacer
cuando hace mal tiempo?

Cuando hace mal tiempo, me
gusta quedarme en casa y pintar.

A practicar

1 **Escucha y contesta las preguntas. (1–3)**
Listen and answer the questions.

84

1 What outdoor activities does Paula enjoy?
2 What does Paula enjoy doing at home in bad weather?
3 What is Roberto's pastime?
4 What qualities does Roberto's favourite player have?
5 Why doesn't Gabriela like sports?
6 What does Gabriela like to wear to parties?

2 **Lee. ¿Quién habla? Escribe los nombres.**
Read. Who's talking? Write the names.
1 Leila, Brian Xavier

Leila

No hago mucho en casa. Hago mi cama y lavo los platos después del desayuno.

Abigail

Normalmente no hago mucho en casa. El fin de semana solamente limpio mi habitación y después salgo con mis amigos de la escuela.

Brian Xavier

En mi casa hago quehaceres por las mañanas. Generalmente preparo el desayuno y limpio la cocina antes de ir a la escuela.

Clariss

El fin de semana fuimos a la playa. Antes de salir tuve que lavar mi ropa y barrer mi habitación.

Junior

El fin de semana pasado fuimos a un restaurante para celebrar el cumpleaños de mi mamá. Comimos y cantamos mucho. ¡Fue un día muy especial!

Noah

El domingo pasado lavé el carro y barrí el jardín. Mi hermano ayudó a mi mamá con la compra. Después fuimos a montar bicicleta en el parque.

1 Ayudo un poco por las mañanas antes del colegio.
2 Tengo que ayudar en casa antes de salir con mis amigos.
3 Nos gusta salir en familia.
4 Uno de mis quehaceres es barrer antes de salir.
5 Salí con mi hermano después de ayudar en casa.
6 No ayudo mucho en casa.

3 **Escribe un párrafo.**
Write a paragraph.

¿Qué prefieres hacer cuando hace buen tiempo?
¿Adónde te gusta ir?
¿Con quién?

Otra vez

A ampliar

85

1 Escucha la conversación. Contesta las preguntas.
Listen to the conversation. Answer the questions.

1 ¿Cuál es el deporte favorito del tío?
2 ¿Qué deporte le gusta al sobrino?
3 ¿Por qué no le interesa el críquet al sobrino de Daniel?
4 En la opinión de Daniel, ¿cómo deben ser los jugadores de críquet?
5 ¿Qué hacen Daniel y su padre cuando hace mal tiempo?
6 ¿Qué le gusta hacer al sobrino de Daniel cuando hace mal tiempo?

2 Reescribe el texto para hablar del sábado pasado.
Rewrite the text to talk about last Saturday.

1 ayudé

El sábado por la mañana (1) <u>ayudo</u>
a mi mamá con los quehaceres de la
casa. (2) <u>Limpio</u>, (3) <u>barro</u> y (4) <u>trapeo</u>
la cocina. También (5) <u>hago</u> las camas
y (6) <u>plancho</u>. Mi mamá (7) <u>prepara</u> el
almuerzo y después (8) <u>vemos</u> nuestra
telenovela favorita juntas. Por la tarde
(9) <u>vamos</u> a casa de mis abuelos y
(10) <u>jugamos</u> a las cartas con ellos.

3 Trabaja en grupo. Haz un sondeo.
Work in groups. Do a survey.

¿Qué haces normalmente los fines de semana?	¿Qué vas a hacer el próximo fin de semana?	¿Qué hiciste el fin de semana pasado?
Veo …	Voy a ir …	Fui a …

4 ¿Qué hiciste para tu cumpleaños? Prepara una presentación para la clase.
What did you do for your birthday? Prepare a presentation for the class.

salí con
mis amigos/
mi familia

hice un pícnic/
comí en mi
restaurante
favorito

fui al cine/a la playa/
a un concierto

Talk about the weather/seasons

Describe the weather	*Hace buen/mal tiempo.*
Ask someone about the weather	*¿Qué tiempo hace?*
Say what the weather is like in a place	*En Nueva York hace mucho frío.*
Say why I prefer certain seasons	*Prefiero la primavera porque hace sol.*

Talk about staying in

Say what indoor activities I do	*Juego videojuegos.*
Say what I do when the weather is bad	*Cuando hace mal tiempo leo.*
Say what activity I want to do	*Quiero navegar en Internet.*
Say what I prefer to do	*Prefiero jugar a las cartas.*

Talk about going out

Say what outdoor activities I do	*Voy de paseo.*
Explain why I like an activity	*Me gustan las fiestas porque me encanta bailar.*
Say what I dislike	*No aguanto jugar videojuegos.*
Say what I wear for different activities	*Cuando voy a fiestas, me gusta llevar tenis.*
Say what my favourite pastimes are	*Mi pasatiempo favorito es escuchar música.*
Say what I wear for different activities	*Cuando hago deportes, llevo tenis.*

Talk about my free time

Say what type of films I like	*Me gustan las películas de ciencia ficción.*
Say what my favourite film is	*Mi película favorita es El hombre Pez.*
Ask how long you have enjoyed doing something	*¿Desde hace cuánto tiempo eres aficionado al cine?*
Say how long I've been a fan	*Soy aficionado desde hace dos años.*
Say who my favourite player is	*Mi jugador favorito es Bebo.*
Give reasons for my opinions	*Me gusta porque es atlético.*
Use time expressions	*el domingo por la mañana*

Talk about family activities

Say what my family does at weekends	*Los fines de semana visitamos a mis tíos.*
Say where I go with my family	*Los domingos vamos al parque.*
Say what we're going to do next weekend	*El fin de semana vamos a ir a un concierto.*
Say what TV programs we watch together	*Vemos los programas de música juntos.*
Ask friends what they do as a family	*¿Qué hacen en familia?*

Talk about the past

Say what I did last weekend	*El fin de semana no hice nada.*
Say how I celebrated my birthday	*Para mi cumpleaños salí con mis amigos.*
Say what chores I did yesterday	*Ayer arreglé mi habitación.*
Say what chores I usually do	*Normalmente ayudo a mi madre a preparar la cena.*

El clima / The weather

¿Qué tiempo hace?	What's the weather like?
Hace …	It's …
calor	hot
fresco	cool
frío	cold
viento	windy
buen tiempo	good weather
mal tiempo	bad weather
Hay tormenta.	There's a storm.
Hay un huracán.	There's a hurricane.
Hay niebla.	It's foggy.
Llueve./Está lloviendo.	It's raining.
Nieva./Está nevando.	It's snowing.

Las estaciones / The seasons

la primavera	spring
el verano	summer
el otoño	autum
el invierno	winter
la temporada seca	the dry season
la temporada de lluvias	the rainy season

Actividades para hacer en casa / Indoor activities

bailo	I dance
chateo con los amigos	I chat (online) with friends
cocino	I cook
colecciono tarjetas	I collect cards
dibujo	I draw
juego a las cartas	I play cards
juego videojuegos	I play videogames
juego juegos de mesa	I play board games
leo	I read
navego en Internet	I surf the internet
paso tiempo en las redes sociales	I spend time on social networks
pinto	I paint
toco la guitarra/el piano	I play the guitar/piano

Actividades al aire libre / Outdoor activities

Voy/Fui …	I go/went to …
a conciertos	to concerts
a fiestas	to parties
a la playa	to the beach
al café	to the café
al cine	to the cinema
al museo	to the museum
al partido	to the match
a nadar	swimming
de paseo	for a walk
Hago surf.	I go surfing.
¿Cuál es tu actividad favorita?	What's your favourite activity?

Me gusta el deporte/nadar.	I like sports/swimming.
Mi pasatiempo favorito es pintar.	My favourite pastime is painting.
No aguanto el béisbol.	I can't stand baseball.
¿Por que te gusta el críquet?	Why do you like cricket?
Prefiero el tenis/ir al museo.	I prefer tennis./I'd rather go to the museum.
Quiero ir a nadar.	I want to go swimming.
Soy aficionado al deporte.	I'm a sports fan.

El cine / Cinema

le película de …	… film
acción	action
aventura	adventure
ciencia ficción	science fiction
dibujos animados	cartoon
terror	horror
la película …	
cómica	comedy film
romántica	romantic film
policiaca	police/crime film
los efectos especiales	special effects
¿Qué tipo de películas prefieres?	What type of films do you prefer?
Mi tipo de película favorito es …	My favourite type of film is …
Mi película favorita es …	My favourite film is …
Me parece …	I think it's …
astuto/a	clever
atlético/a	athletic
bueno/a	good
diestro/a	skilful
divertido/a	fun
competitivo/a	competitive
emocionante	exciting
fantástico/a	great
genial	brilliant
gracioso/a	funny
hábil	skilful
infantil	for kids/childish
ingenioso/a	clever, ingenious
interesante	interesting
listo/a	clever
malo/a	bad
popular	popular
rápido/a	fast
tonto/a	silly
trabajador(a)	hardworking

Los deportes / Sports

juego/jugué al …	I play/played …
bádminton	badminton
básquetbol	basketball
béisbol	baseball
críquet	cricket
fútbol	football

hockey	hockey
tenis	tennis
voleibol	volleyball
el delantero	forward
el equipo	equipment/team
el partido	match
entre … y …	in between … and …
ganar	to win
marcar un gol	to score a goal
¿Cuál es tu equipo favorito?	What's your favourite team?
Mi equipo favorito es …	My favourite team is …
Soy aficionado a Real Madrid.	I support Real Madrid.
desde hace	for
¿Desde hace cuánto …?	How long …?
¡Vamos!	Come on!
Me interesa porque …	I'm interested in it because …
Me fascina porque …	I love it because …
Hace tiempo que no voy a un partido.	It's ages since I've been to a match.

El fin de semana / At the weekend

Vamos a …	We go to …
misa/la iglesia/la mezquita/al templo	mass/church/mosque/ the temple
la playa/al parque	the beach/park
Celebramos el cumpleaños /santo.	We celebrate our birthday/name day.
Llamamos a mis primas.	We call my cousins.
Practicamos deportes.	We do sports.
Salimos en familia.	We go out as a family.
Vamos de pícnic.	We go for a picnic.
Vemos la TV juntos.	We watch TV together.
Visitamos a mis abuelos/ familiares.	We visit my grandparents/relatives.
¿Qué va a hacer tu familia el sábado?	What's your family going to do on Saturday?
¿Qué les gusta hacer?	What do you (all) like to do?
Nos gusta ir al cine.	We like going to the cinema.
¿Qué prefieren hacer cuando hace calor?	What do you prefer to do when it's hot?

Los programas de televisión / TV programmes

el concurso	game show
el documental	documentary
el noticiero	the news
el programa de deportes/ música	sports/music programme
el reporte de clima	the weather
la serie	series
la telenovela	soap opera
¿Cuáles programas ven/ les gustan?	What programmes do you watch/like?
Nos gustan los mismos programas.	We like the same programmes.

Los quehaceres / Chores

Arreglo mi habitación.	I tidy my room.
Ayudo a mi madre.	I help my mother.
Barro el suelo.	I sweep the floor.
Hago la cama.	I make the bed.
Lavo el carro.	I wash the car.
Limpio la cocina.	I clean the kitchen.
Paso la aspiradora.	I vacuum.
Plancho.	I iron.
Quito el polvo.	I dust.
Trapeo.	I mop.
Voy al supermercado.	I go to the supermarket.
No hago nada.	I don't do anything.
¿Adónde va tu familia …?	Where does your family go …?
¿Ayudas en casa?	Do you help at home?
¿Qué hacen tus hermanos?	What do your brothers and sisters do?
¿Quién cocina?	Who does the cooking?
esta mañana/tarde/noche	this morning/afternoon/ tonight
mañana por la mañana/ tarde	tomorrow morning/ afternoon
por la mañana/tarde	in the morning/ afternoon
el sábado/domingo	on Saturday/Sunday
los sábados/domingos	on Saturdays/Sundays
los días especiales	on special days
los fines de semana	at weekends
normalmente	normally
por lo general	generally

Actividades en el pasado / Activities in the past

Comí mucho.	I ate a lot.
Bebí un resfresco.	I had/drank a soft drink.
Fui al café.	I went to the café.
Hice la cama.	I made the bed.
Jugué un juego de mesa.	I played a board game.
Salí de casa.	I went out.
Vi a mis primos.	I saw my cousins.
No hice nada.	I didn't do anything.

Prueba 1

1 Escucha. ¿Qué quieren? Escribe las letras.

86   *Listen. What do they want? Write the letters.*

mamá _____d,_____ papá _____ Luisa _____

2 Empareja las preguntas y las respuestas.

Match the questions and answers.

1 g

1 ¿Adónde vas de compras?   **a** Sí, pero es demasiado largo.
2 ¿Qué quieres comprar?   **b** Cinco dólares el kilo.
3 ¿Te gusta este pantalón?   **c** Necesito un regalo para mi hermano.
4 ¿Qué te falta?   **d** No tengo mis gafas de sol.
5 ¿Cuánto cuesta?   **e** Blancos y negros.
6 ¿De qué color son los zapatos?   **f** En el segundo piso.
7 ¿Dónde está la farmacia?   **g** A mi tienda de ropa favorita.

3 Pon en orden y completa la conversación. Túrnate con tu compañero/a.

Put the conversation in order and complete it. Take turns with your partner.

Aquí tiene.   Buenos días, ¿qué desea?   Es …
¿Algo más?   Sí, necesito medio kilo de …   ¿Algo más?
No, gracias. ¿Cuánto es?   Buenos días, necesito dos …
    Y me gustaría …

> Buenos días, ¿qué desea?

4 Lee el texto. Lee las frases y escribe V (verdadero) o F (falso).

Read the text. Read the sentences and write V (true) or F (false).

1 F

Hoy voy de compras al centro con mi mamá y mi hermana. Me encanta ir al centro porque hay muchas tiendas de ropa con estilos nuevos y modernos. También hay restaurantes, pastelerías y un mercado popular donde siempre hay muchas ofertas. Cuando vamos de compras, la pasamos muy bien. Siempre comemos dulces en una confitería muy pequeña que está en el tercer piso. Vamos de compras porque la próxima semana es mi graduación. Voy a llevar un vestido rosado y unas sandalias negras de terciopelo. Voy a comprarlos en una tienda que tiene el veinte por ciento de rebaja en todo.
Ana

1 Ana is going shopping with her friends.
2 You can get good deals at the market.
3 The sweet shop is on the first floor.
4 She wants to buy a pink silk dress for her sister's graduation.
5 She also needs black velvet sandals.
6 She's going to get a discount on the clothes she buys.

Prueba 2

1 Escucha y contesta las preguntas.

87

Listen and answer the questions.

1 ¿Para quién compra regalos la clienta?
2 ¿Por qué no quiere comprar el primer portarretrato?
3 ¿Cuánto cuesta el portarretrato?
4 ¿Qué descuento tiene el portarretrato?
5 ¿Qué quiere comprar para su abuelito?
6 ¿Dónde puede comprar el regalo para su abuelito?

2 Traduce las frases.

Translate the sentences.

1 This skirt doesn't fit me well. It's too big.
2 I like to stay home and play board games with my family.
3 When I go to a party, I like to wear jeans and comfortable shoes.
4 I love action movies. I sometimes go to the cinema with my dad.
5 When it's very hot, I prefer to go to the beach.
6 I love playing football. It's a fast and exciting game.

3 Describe lo que haces cuando vas de compras.

Describe what you do when you go shopping.

¿Con quién?

¿Cuándo?

¿Adónde?

¿Tus tiendas favoritas?

¿Qué compras?

¿Qué te gusta hacer?

Me gusta ir de compras con mi mejor amigo. …

4 Habla con tu compañero/a.

Talk to your partner.

¿Qué haces cuando hace calor?

Cuando hace calor, voy a la playa.

¿Qué haces allí?

Me gusta jugar al voleibol con mis amigos.

Prueba 3

1 Escucha, mira y corrige los cinco errores. (1–5)

Listen, look and correct the five mistakes.

1 tercer piso

primer piso	segundo piso	tercer piso
1–1 estacionamiento	2–1 perfumería	3–1 farmacia
1–2 supermercado	2–2 peluquería	3–2 consulta del médico
1–3 carnicería	2–3 joyería	3–3 papelería
1–4 frutería	2–4 zapatería	3–4 librería
1–5 confitería		
1–6 pastelería		

2 Elige las formas correctas.

Choose the correct forms.

1 gustan

No me (1) **gustan / gusta / gustar** mucho las actividades al aire libre. (2) **Preferir / Prefiere / Prefiero** estar en casa. Durante la semana, después de la escuela (3) **hacemos / hago / hace** mis tareas y veo la telenovela con mi abuela. (4) **Te / Nos / Les** encantan las telenovelas venezolanas. ¡Son emocionantes y tienen mucho drama! También me gusta muchísimo (5) **lee / leer / leo**. Me (6) **gusta / gustar / gustan** leer más que todo las novelas románticas. Con mis amigos también me gusta (7) **salgo / salimos / salir**. Los fines de semana (8) **vamos / va / van** al cine. Pero lo que me apasiona es (9) **coleccionar / colecciono / colecciona** revistas de moda. Tengo más de quinientas revistas. De mayor quiero (10) **voy / ir / va** a una buena escuela de diseño.

3 ¡Vas de vacaciones! Túrnate con tu compañero/a. Pregunta y contesta.

You're going on holiday! Take turns asking and answering with your partner.

¿Adónde vas a ir?

¿Qué tiempo hace?

¿Qué necesitas comprar?

¿Qué ropa vas a llevar?

¿Qué actividades vas a hacer?

¿Adónde vas a ir?

Voy a ir a la playa.

4 Escribe una conversación. Practícala con tu compañero/a.

Write a conversation. Practise it with your partner.

Cliente	Vendedor
Quiero …	¿En qué puedo …?
¿Este/Esta no me …	¿De qué …?
¿Puedo …?	¿Qué le parece …?
¿Cuánto …?	Lo siento …
¿La tiene …?	… es el/la más …

Prueba 4

1 **Escucha y contesta las preguntas.**
Listen and answer the questions.

89

1 What four things did Gianna buy?
2 Why didn't Gianna buy the pink boots?
3 How was Nikkia's weekend?
4 What chores did Nikkia do during the weekend?
5 What did Louis do on Saturday morning?
6 What was the celebration in Louis's house?
7 What did he buy as a present?
8 What is the secret ingredient in the recipe?

2 **Lee los textos. ¿Quién habla? Escribe I (Irene), N (Neil) o I+N (los dos).**
Read. Who's talking? Write I (Irene) or N (Neil) or I+N (both).

1 I+N

Irene

Me encantan los días soleados porque mi pasatiempo favorito es ir de compras. Soy una fanática de los mercados al aire libre así que, cuando hace buen tiempo, puedo ir a muchos lugares en mi bicicleta. Cuando mis amigos o mi familia necesitan algo, siempre me preguntan porque soy una experta para encontrar las mejores ofertas. Hace dos semanas hizo muy mal tiempo y por eso fui al centro comercial. Lo bueno fue que me compré una camiseta muy moderna que estaba en oferta. Me encanta buscar ropa interesante y me gusta probármela toda.

Neil

Yo soy aficionado a los deportes acuáticos. Me apasiona participar y ver todo tipo de eventos y deportes cerca del mar. Es por esto que prefiero cuando hace fresco y calor. Siempre es molesto cuando cancelan una competencia de surf porque está lloviendo. La semana pasada fui a la playa para ver una carrera de vela, pero llovió a cántaros y terminó muy temprano. Mis amigos y yo tuvimos que ir al centro comercial. Fuimos a mirar las tiendas de deportes y buscar camisetas con nuestros deportistas favoritos. Vi una camiseta muy bonita y cómoda en oferta, pero no la compré porque no me gustó el color.

1 Fui de compras al centro comercial porque hizo mal tiempo.
2 Me gustan los deportes como la vela.
3 Mi pasatiempo favorito es mejor cuando hace buen tiempo.
4 Conozco los mejores lugares para ir de compras.
5 La semana pasada me compré una camiseta.
6 Vi ropa fea.

3 **Habla con tu compañero/a. Describe los quehaceres y los pasatiempos de dos personas en tu familia.**
Talk to your partner. Describe the chores and pastimes of two people in your family.

4 **Escribe sobre la ropa que más y menos te gusta. Da razones y detalles.**
Write about your favourite and least favourite clothes. Give reasons and details.

5 ¡BIENVENIDOS A MI país!

- Say what kind of holidays I go on
- Say what I usually do on holiday
- Ask questions

5.1 ¡Adoro las vacaciones activas!

1 **¿Qué tipo de vacaciones le gustan? Escucha y escribe las letras. (1–9)**
What type of holiday do they like? Listen and write the letters.
1 d

Prefiero las vacaciones …

a **activas**

b **al aire libre**

c **de tipo cultural**

d **en las montañas**

e **en el campo**

f **en la costa**

g **en una ciudad**

h **en un camping**

i **en el extranjero**

2 **Escucha otra vez. Escribe P si la reacción es positiva o N si es negativa. (1–9)**
Listen again. Write P if the reaction is positive or N if negative.
1 P

3 **Lee los textos. Copia y completa el cuadro.**
Read the texts. Copy and complete the table.

@Julio: Normalmente, voy de vacaciones con mi familia al extranjero durante el verano. En general vamos en avión. ¿Adónde vas de vacaciones normalmente?	
@Marco: En general, voy de vacaciones en primavera. Me gusta ir a una ciudad con mucha cultura. Me gusta ir en tren porque es muy cómodo. Prefiero ir de vacaciones solo.	
@Rebecca: Yo voy de vacaciones con mi novio y preferimos ir a las montañas en invierno porque nos gusta esquiar o hacer snowboard. Normalmente, voy en carro porque es más fácil llevar todo el equipo que hace falta.	
@Natalia: Me gusta ir al campo de vacaciones, especialmente en otoño porque no hace mucho calor. Normalmente voy de vacaciones con mis padres y vamos en bus.	

Name	When	How	Who with	Type of holiday
Julio	*summer*	*plane*		
Marco				

4 Lee y elige tus preferencias. Después, túrnate con tu compañero/a y adivina sus respuestas.
Read and choose your preferences. Then take turns with your partner and guess each other's replies.

1 ¿Qué tipo de vacaciones prefieres?
Prefiero las vacaciones …

en el extranjero /
en las montañas / en una ciudad

2 ¿Cuándo vas de vacaciones?
Normalmente voy de vacaciones …

en verano / en primavera /
en invierno

3 ¿Con quién vas de vacaciones?
Voy de vacaciones con …

mis padres / mis amigos /
mis tíos

4 ¿Cómo vas de vacaciones?
En general voy …

en avión / en tren / en bus

¿Prefieres las vacaciones en las montañas?

¡Correcto!
¡Incorrecto!
¡Otra vez!
Te toca.
Me toca.

¡Incorrecto! ¡Otra vez!

Gramática
Remember that question words all have an accent.
¿Cómo? How?
¿Con quién? With who?
¿Cuándo? When?
¿Dónde? Where?
¿Adónde? Where (to)?
¿Qué? What?
¿Quién? Who?

5 Escribe las palabras que faltan.
Write the missing words.

cómo   quién   qué   ~~adónde~~   cuándo

1 Adónde

1 ¿_____ vas de vacaciones normalmente? ¿A la costa o las montañas?
2 ¿_____ prefieres viajar?
3 ¿ Con _____ te gusta ir de vacaciones?
4 A mí me gusta ir a la costa de vacaciones. ¿_____ tipo de vacaciones prefieres tú?
5 Yo prefiero ir de vacaciones en verano. ¿Y tú? ¿_____ te gusta ir de vacaciones?

6 Traduce las frases de la Actividad 5.
Translate the sentences in Activity 5.

7 Haz un sondeo. Trabaja en grupo y presenta los resultados a la clase.
Do a survey. Work in groups and present your results to the class.

- ¿Qué tipo de vacaciones prefieres?
- ¿Adónde vas?
- ¿Cuándo vas de vacaciones?
- ¿Con quién vas de vacaciones?
- ¿Cómo vas de vacaciones?

¿Qué tipo de vacaciones prefieres?

Prefiero las vacaciones de tipo cultural.

8 ¿Qué haces en vacaciones? Escribe la frase para cada imagen.

What do you do on holiday? Write the sentence for each picture.

1 Saco fotos.

Descanso.	Tomo el sol.	Hago surf.
Nado en el mar.	Monto en bicicleta.	Compro recuerdos.
Voy de paseo.	Saco fotos.	

 9 Escucha y comprueba tus respuestas. (1–8)

91 *Listen and check your answers.*

10 Túrnate con tu grupo. Haz una cadena.

Take turns in your group. Make a chain.

> Cuando voy de vacaciones, nado en el mar.

> Cuando voy de vacaciones, nado en el mar y saco fotos.

normalmente
en general
generalmente
y
también
luego

¡Nota!
What patterns can you spot for the third person (he/she/it and they) forms of regular verbs?

11 Elige las formas correctas.

Choose the correct forms.

1 hace

1 Durante las vacaciones, mi madre no **hace / hacen / hago** mucho.
2 Mis padres **nada / nadan / nadar** en el mar.
3 Elena y Jorge **saca / sacan / sacar** fotos de los monumentos en la ciudad.
4 Mi prima siempre va a la costa y **tomo / toma / tomar** el sol.
5 En verano, mis amigos **monta / montar / montan** en bicicleta.
6 Mis padres **compra / compran / compro** recuerdos típicos del país.

12 **Lee los mensajes. Lee las frases. Busca las cuatro frases correctas.**
Read the messages. Read the sentences. Choose the four which are correct.
2, …

¡Me encantan las vacaciones! Prefiero las vacaciones activas y en invierno hago esquí en las montañas en Valle Nevado en los Andes. En verano hago surf en la costa. A mis padres no les gustan las vacaciones activas, entonces cuando van de vacaciones normalmente mi madre descansa en la playa con un buen libro, mientras mi padre toma el sol o nada en el mar.
Guillermo

Cuando voy de vacaciones me gusta explorar en una ciudad histórica. En mi ciudad favorita, Cartagena, voy de paseo por el Parque del Centenario o tomo un café o un refresco en la Plaza de Bolívar. ¡Es muy animada! También compro recuerdos en los mercados, tomo el sol en la playa o nado en el mar. ¡Me encanta Cartagena! ¿Cómo pasas las vacaciones?
Paca

1 A Guillermo le gusta descansar en la playa con un libro.
2 Guillermo hace deportes acuáticos en verano.
3 Guillermo pasa las vacaciones de invierno en las montañas.
4 Los padres de Guillermo compran muchos recuerdos.
5 A Paca no le gusta la playa.
6 Paca prefiere las vacaciones de tipo cultural.
7 Paca almuerza en una plaza.
8 A Paca le gusta pasar las vacaciones en la ciudad y la playa.

13 **¿Cómo se dice en español? Busca en los textos de la Actividad 12.**
How do you say it in Spanish? Find in the texts in Activity 12.

1 I go skiing.
2 my parents don't like
3 so

4 with a good book
5 whilst
6 when I go on holiday

7 It is very lively.
8 also

14 **Escucha. Copia y completa el cuadro. (1–4)**
Listen. Copy and complete the table.

	Location	Activities	Person
Lisa	*countryside/campsite*		
Sandra			
Eduardo			
Juan			

15 **¿Y tú? Describe unas vacaciones típicas.**
And you? Describe your typical holiday.

¿Qué tipo de vacaciones te gusta?

¿Con quién vas de vacaciones?

¿Cómo vas?

¿Qué haces en las vacaciones?

5.2 ¿Qué hay de interés?

- Talk about places of interest
- Say what you're going to do
- Review near future tense

1 ¡Bienvenidos a Venezuela! ¿Qué hay de interés?
Empareja las fotos con las frases.

Welcome to Venezuela! What is there of interest? Match the photos and phrases.

1 j

a un zoológico	**h** un puerto
b muchas tiendas	**i** muchos restaurantes
c muchos monumentos	**j** un castillo
d un museo	**k** un parque acuático
e una catedral	**l** una playa
f una piscina al aire libre	**m** una cancha de tenis
g un cine	**n** una plaza de toros

¿Sabes ...?

Bull rings are associated with Spain but they can also be found in Hispanic-American countries, where bull fighting is considered an art and a sport. However, it is banned in some areas, and is becoming less and less popular.

Gramática

hay is used for both singular and plural things. The article is dropped with *no hay*.

Hay una plaza de toros.	There's a bullring.
Hay muchas tiendas.	There are a lot of shops.
No hay cine.	There's no cinema.

2 Escucha. ¿Qué hay y no hay en cada lugar? (1–4)

Listen. What is there and isn't there in each place?

En Caracas, hay canchas de tenis, ...

93

Caracas	Maracaibo	Barquisimeto	Ciudad Bolívar

3 ¿Qué hay de interés en Puerto la Cruz? Habla con tu compañero/a.

What is there of interest in Puerto la Cruz? Talk to your partner.

¿Qué hay de interés en Puerto la Cruz?

En Puerto la Cruz hay un parque acuático pero ...

4 Lee el folleto. ¿Cómo se dice en español? Busca en el texto.
Read the leaflet. How do you say it in Spanish? Find in the text.

Visita Los Roques

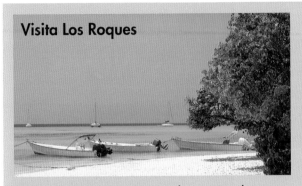

Gracias a su posición en el Mar Caribe, se puede disfrutar de arenas blancas y un mar muy azul, de aguas limpias y tranquilas. Hay muchas islas que forman parte de esta zona de enorme valor ecológico que es un parque nacional. Si le gusta ir a bucear, puede explorar sus arrecifes de coral increíbles, donde habitan más de mil setecientas especies de peces, y también muchas variedades de esponjas y moluscos. Todos los años, el parque recibe también la visita de muchas aves migratorias.

Conoce todos los rincones de Caracas

Caracas es una ciudad muy bonita, llena de cultura. En el centro de la ciudad hay muchos museos, incluido el Museo de Arte Contemporáneo. Hay muchos lugares de interés turístico, incluso un zoológico muy especial. Ocupa áreas enormes que recrean los hábitats naturales de los animales. Es famoso porque algunos animales, como los monos y las aves, viven en libertad al aire libre. El teleférico es también una atracción interesante. Se pueden ver vistas fantásticas de Caracas y al final del trayecto hay un área de ocio, donde es posible comer algo o patinar sobre hielo.

1 you can enjoy
2 white sands
3 going diving
4 coral reefs
5 full of
6 places of interest
7 views
8 leisure area

> **Gramática**
>
> *mucho* agrees with the noun it describes.
>
> *mucho dinero*   a lot of money
> *muchas tiendas*   lots of shops

5 Lee el folleto otra vez. Lee las frases y escribe V (verdadero) o F (falso).
Read the leaflet again. Read the sentences and write V (true) or F (false).
1 Los Roques consists of lots of islands in the Caribbean Sea.
2 Los Roques is good for surfing.
3 You can see more than 1700 different types of fish there.
4 Caracas is a good location for a cultural holiday.
5 The zoo is famous for the dangerous animals kept there.
6 The cable car starts near an ice rink.

6 Habla con tu compañero/a.
Talk to your partner.

| turistas | aficionados al deporte/a la cultura | jóvenes | ancianos |

¿Qué hay de interés en tu región para turistas?

En mi región hay muchos monumentos.

7 Escribe un folleto sobre un lugar de tu región. Usa tus ideas de la Actividad 6.
Write a leaflet about somewhere in your region. Use your own ideas from Activity 6.

8 **Lee los anuncios. Contesta las preguntas.**
Read the adverts. Answer the questions.

El Museo de Arte Nacional

Abierto todos los días
09.00–20.00
Visita para descubrir
pinturas, dibujos,
fotografías y esculturas.
Entrada gratis

El Museo de los Niños
¡Ven a aprender jugando!
Aprende sobre la ciencia,
la tecnología y el arte.

Abierto martes a sábado 09.00–17.00
Entrada 15 dólares

Aguamanía parque acuático

Abierto todos
los días en verano
11.00–18.00

Entradas
individuales
de 45 dólares

1 It is a Monday, in December. Where could you go?
2 How much does it cost to get into the National Art Gallery?
3 What is the name of the water park?
4 How can you learn at the Museo de los Niños?
5 What can you see at the art gallery?
6 Where can you go in the evenings?
7 What can you learn about at the museum?
8 On which days is the children's museum open?

9 **Escucha las conversaciones. Copia y completa el cuadro. (1–4)**
Listen to the conversations. Copy and complete the table.

94

	Lugar de interés	Abre	Cierra	Precio de entrada
1	*parque acuático*			
2				

10 **Imagina que estás en la oficina de turismo. Túrnate con tu compañero/a. Usa la información de la Actividad 8.**
Imagine you're in a tourist information office. Take turns with your partner. Use the information in Activity 8.

Buenos días. ¿A qué hora abre
el museo de arte, por favor?

Abre a las nueve
de la mañana.

11 Lee la carta de Alana. ¿Qué va a hacer cada día?

Read Alana's letter. What's she going to do each day?

Monday – visit Mérida

Querida Lucía,

Aquí estoy en Venezuela. Llevo aquí dos semanas ya, y solo me queda una semana más, pero ¡todavía tengo mucho que hacer!

El lunes voy a visitar la ciudad de Mérida, la ciudad con el teleférico más alto del mundo. El martes voy a visitar varios museos y luego el miércoles voy a ver a mi amiga en el centro de la ciudad y entonces vamos a ir de compras. El jueves voy a ir al mercado en un pueblo cercano para comprar unos recuerdos para mi familia, y también voy a comprar comida tradicional para llevar a casa. El viernes voy a levantarme muy temprano porque el vuelo sale a las nueve, así que voy a llegar al aeropuerto sobre mediodía.

Hasta pronto,

Alana

Gramática

To form the near future tense, use the present tense of the verb *ir* + *a* + infinitive.

Voy a visitar …	I'm going to visit …
Vas a comprar …	you're going to buy…
Va a ir …	he's/she's going to go …
Vamos a ver …	we're going to see …
Van a comer …	you're (pl)/they're going to eat …

12 Completa las frases con la forma correcta del futuro próximo.

Complete the sentences with the correct form of the near future tense.

1 La semana que viene nosotros (1) _____ visitar la famosa estatua de Simón Bolívar.
2 El jueves yo (2) _____ comer en un restaurante venezolano.
3 Este fin de semana mis amigos (3) _____ ver la nueva película de Almodóvar en el cine.
4 Ana, ¿a qué hora (4) _____ llegar a la estación de tren?
5 Alana (5) _____ viajar a Mérida en avión.
6 ¿Ustedes qué día (6) _____ ir al parque acuático?

13 Traduce las frases de la Actividad 12.

Translate the sentences from Activity 12.

14 Planea unas vacaciones. Después, habla con tu compañero/a.

Plan a holiday. Then talk to your partner.

- ¿Adónde vas a ir de vacaciones?
- ¿Con quién vas a ir?
- ¿Cómo van a viajar?
- ¿Qué van a hacer allí?

¿Adónde vas a ir de vacaciones?

Voy a ir de vacaciones a Cuba.

5.3 ¿Dónde está el museo?

- Say where something is
- Ask for and give directions
- Use the imperative

1 **¡Bienvenidos a Bogotá! Escribe los destinos.**
Welcome to Bogotá! Write the destinations.

1 el correo

el hotel	la plaza
la estación de buses	el museo
la estación de tren	la oficina de turismo
el correo	el restaurante

2 **Escucha. Escribe los lugares y las instrucciones. (1–8)**
Listen. Write the places and the instructions.

1 el correo - al lado del supermercado

Gramática

Remember that Spanish has two verbs for 'to be': *ser* and *estar*.
estar is used to talk about location: *estoy, estás, está, estamos, están*.
El hotel está en la plaza. The hotel is in the square.
Las tiendas están en el centro. The shops are in the centre.

ser is used to describe what people and things are like: *soy, eres, es, somos, son*.
El museo es muy interesante. The museum is very interesting.

3 **Completa las preguntas con un lugar apropiado de la Actividad 1.**
Complete the questions with an appropriate place from Activity 1.

1 el restaurante

1 Quiero almorzar. ¿Dónde está …?
2 Quiero ir al museo en tren. ¿Dónde está …?
3 Acabo de llegar a Bogotá y tengo mucho sueño. ¿Dónde está …?
4 Quiero aprender más sobre Colombia y su historia. ¿Dónde está …?
5 Quiero enviarles una postal a mis abuelos. ¿Dónde está …?
6 Necesito un plano del centro de la ciudad. ¿Dónde está …?

4 **Lee la información. Escribe los lugares que faltan en el plano.**

Read the information. Write the missing places on the map.

1 el hotel

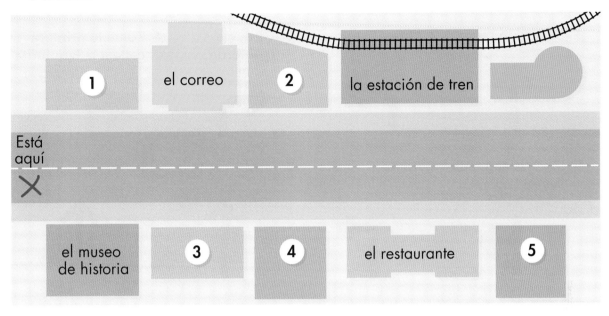

El correo está enfrente del parque.

El centro histórico está al final de la calle, cerca del restaurante.

La estación de tren está al lado de la oficina de turismo.

El hotel está enfrente del museo de historia y al lado del correo.

El parque está entre el museo de historia y la plaza.

La oficina de turismo está enfrente de la plaza.

La plaza está al lado del restaurante.

5 **Escucha y contesta las preguntas. (1–6)**

Listen and answer the questions.

Where is …

1 the train station?
2 the museum?
3 the bus station?
4 the post office?
5 the tourist office?
6 the park?

> *al lado de* – next to
> *al final de* – at the end of
> *cerca de* – near
> *enfrente de* – opposite
> *lejos de* – far from
> *entre … y …* – between … and …

6 **Use el plano completo de la Actividad 4. Habla con tu compañero/a.**

Use the complete map from Activity 4. Talk to your partner.

> **¡Nota!**
> *de + el = del*
> enfrente *del* hotel
> *a + el = al*
> *al lado* de la *plaza*

¿Dónde está el museo de historia?

El museo de historia está al lado del parque.

5.3 ¿Dónde está el museo?

 7 Escucha y señala la dirección correcta. Repite cada dirección.
97 *Listen and point to the correct direction. Repeat each direction.*

¿Dónde se encuentra el museo?

1 Siga todo recto.   **2** Gire a la derecha.   **3** Gire a la izquierda.   **4** Tome la primera calle a la izquierda.

5 Tome la segunda calle a la derecha.   **6** Tome la tercera calle a la derecha.   **7** Cruce la plaza.   **8** Pase el semáforo.

> **Gramática**
> The imperative is used for instructions. Can you identify any patterns?
> *hablar – habla, hable* (formal) Speak!
> *comer – come, coma* (formal) Eat!
> *repetir – repite, repita* (formal) Repeat!

 8 Escucha y dibuja las direcciones. (1–5)
98 *Listen and draw the directions.*

1

9 Dibuja un plano. Practica pedir y dar indicaciones con tu compañero/a.
Draw a map. Practise asking for and giving directions with your partner.

¿Dónde está el cine?

Siga todo recto y tome la segunda calle a la izquierda.

> **¡Nota!**
> Ask for directions using any of these:
> *¿Dónde está ...?*
> *¿Dónde se encuentra ...?*
> *¿Por dónde se va a ...?*

10 Completa las frases con la forma formal del imperativo.
Complete the sentences with the formal form of the imperative.

mire	~~pase~~	tome	cruce	gire	coma

1 Pase

1 ¡_____ el semáforo!
2 ¡_____ la segunda calle a la derecha!
3 ¡_____ a la izquierda!
4 _____ la calle y el museo está enfrente del parque.
5 _____ en el restaurante del hotel.
6 _____ al final de la calle! Allí está la estación de tren.

11 Mira el plano y sigue las indicaciones. ¿Adónde llegas?
Look at the map and follow the directions. Where do you get to?

1 la plaza

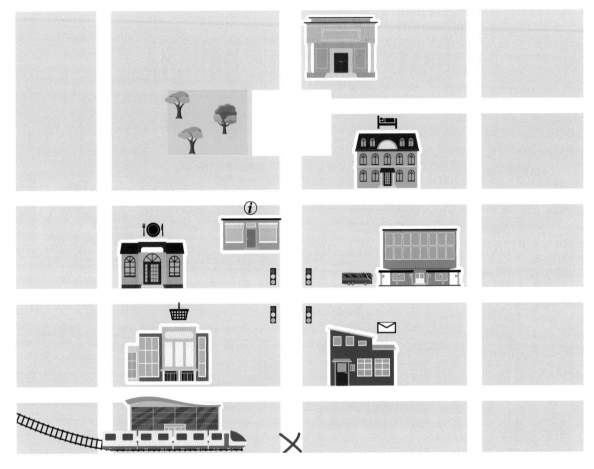

1 Siga todo recto. Está al final de la calle, al lado del parque.
2 Siga todo recto y pase el semáforo. Está a la izquierda.
3 Tome la segunda calle a la izquierda.
4 Siga todo recto y cruce la plaza.
5 Tome la primera calle a la izquierda. Está a la izquierda.
6 Tome la primera calle a la derecha.

12 Mira el plano otra vez. Escribe indicaciones.
Look at the map again. Write directions.
1 Para ir al supermercado _____.
2 Para ir a la estación de buses _____.
3 Para ir al hotel _____.
4 Para ir al parque _____.

13 Mira el plano otra vez. Túrnate con tu compañero/a.
Look at the map again. Take turns with your partner.

Está en la segunda calle a la derecha.   ¡La estación de buses!

5.4 ¡La comida es riquísima!

- Order food in a restaurant
- Say what you think of the food
- Create superlatives with –ísimo/a

1 Lee la carta de un restaurante cubano. Escribe los títulos que corresponden a las comidas.

Read the menu from a Cuban restaurant. Write the headings that correspond to the meals.

- Postre
- Primer plato
- Bebidas
- Segundo plato

RESTAURANTE LA HABANA

LA CARTA

1 _____
el ajiaco de pollo

los camarones fritos

las croquetas de jamón

los tamales

2 _____
la ropa vieja

el churrasco

el pollo asado

el bacalao en salsa

el arroz con frijoles

3 _____
el flan de queso

el postre tres leches

el helado de vainilla, fresa, chocolate

la fruta de la temporada

4 _____
el agua con o sin gas
el batido (de mango o papaya)
la soda
la cerveza
el vino tinto, blanco o rosado
el jugo (de papaya, guava, mango, piña)

2 Escucha a los clientes en el restaurante. ¿Qué piden de la carta? Copia y completa el cuadro. (1–4)

Listen to the customers in the restaurant. What do they order from the menu? Copy and complete the table.

	Primer Plato	Segundo Plato	Bebida	Postre
1	*los camarones*			
2				

3 Trabaja en grupo. Imagina que están en un restaurante.

Work in groups. Imagine you're in a restaurant.

Buenos días, ¿qué quiere comer?

De primer plato las croquetas de jamón y de segundo el churrasco.

Para mí, … de primer plato y …

4 Lee las descripciones. Empareja las descripciones con las imágenes.
Read the descriptions. Match the descriptions and pictures.

1 Empanadas de horno
A mí me encantan las empanadas porque se pueden rellenar con cualquier relleno como carne roja, carne blanca, verduras o fruta. La masa es de trigo y se hacen en forma de semicírculo.

a

2 Puchero
Mi plato favorito es el puchero peruano. Tradicionalmente se sirve en los carnavales de febrero como parte de las festividades. El puchero es un tipo de cocido con verduras como zanahorias y también carne de ternera, cerdo o pollo.

b

3 Arepas
La arepa es un alimento típico de Colombia y Venezuela. Está hecha de harina de maíz y tiene forma circular. Es muy común consumir las arepas para el desayuno y se considera parte del patrimonio cultural de Colombia. ¡Me encantan!

c

4 Gallo Pinto
Me gusta mucho el gallo pinto porque contiene mis ingredientes favoritos – arroz y frijoles. Soy de Nicaragua y es nuestro plato típico pero también se come en países como en Costa Rica.

d

5 ¿Cómo se dice en español? Busca en las descripciones de la Actividad 4.
How do you say it in Spanish? Find in the descriptions in Activity 4.

1 to fill
2 red meat
3 dough

4 wheat
5 stew
6 beans

6 Escribe las palabras que faltan. Escucha y comprueba.
Write the missing words. Listen and check.
1 empanadas

beber	cervezas	~~empanadas~~	primer	puchero	segundo

- Elena, ¡qué hambre! ¿Qué vas a comer?
  Quiero unas (1) _____.
- Buenos días, ¿qué quieren comer?
- Pues, de (2)_____ plato, empanadas para los dos.
- ¿Y de (3)_____ plato?
- Tengo mucha hambre. Yo voy a comer el (4)_____.
  Yo quiero probar el gallo pinto, por favor.
- ¿Y para (5) _____?
- Dos (6)_____, por favor.
  Y también agua con gas. Tengo mucha sed.

> Tengo (mucha) hambre.
> Tengo (mucha) sed.

7 Describe un plato tradicional de tu región.
Describe a traditional dish of your region.

8 Categoriza los adjetivos. ¿Son masculinos, femeninos o invariables?

Categorise the adjectives. Are they masculine, feminine or invariable?

sabrosa	fresco	amargo	~~ácido~~	rica
delicioso	insipida	saludable	asqueroso	
bueno	picante	vegetariana	refrescante	

Masculino	Femenino	Invariable
ácido		

> When you come across new words, start by using context and logic to help you them work out. What does this sentence mean?
> *La comida india generalmente es picante.*

9 Usa las palabras de la Actividad 8 para traducir las frases.

Use the words from Activity 8 to translate the sentences.

1 I don't eat meat because I'm vegetarian.
2 I'm really hungry. I'm going to eat a tasty stew.
3 I don't like coffee because it's bitter.
4 I love spicy food.
5 My favourite dish is chicken and chips, but it isn't very healthy.
6 I really like Mexican food. It's delicious!
7 When I'm thirsty, I like to drink a refreshing lemonade.
8 I don't like beans. I think that they're disgusting!

Gramática

You can add *-ísimo* to the end of many adjectives to create a superlative form. This is translated using 'very' or 'really'.

El arroz con leche es sabrosísimo. Rice pudding is very tasty.
La comida italiana es deliciosísima. Italian food is really delicious.

Be aware of spelling changes in some adjectives when the *-ísimo* ending is added:

Esta fruta está fresquísima. This fruit is really fresh.
Los frijoles están riquísimos. These beans are really delicious.

Adjectives ending in *–ble* more often use *muy*.
La fruta es muy saludable. Fruit is very healthy.

10 Escribe cinco frases. Usa unos adjetivos de la Actividad 9 en la forma con *–ísimo*.

Write five sentences. Use adjectives from Activity 9 in the –ísimo form.

Me gusta la fruta porque es …

- Me gusta/encanta …
- No me gusta …
- la comida española/mexicana/italiana
- el alcohol/las sodas/el agua
- la fruta/la ensalada

11 Escucha y contesta las preguntas.

101

Listen and answer the questions.

1 What type of food does Josefina like?
2 Who does she usually go out to eat with?
3 What are her favourite dishes?
4 What does she eat sometimes on Sundays?
5 Why do they sometimes go to a vegetarian restaurant?
6 What does she usually eat at the vegetarian restaurant?

12 Lee y empareja los textos con las imágenes. ¿Cuál es la imagen que sobra?
Read and match the text and pictures. Which picture is left over?

1 Restaurante Jardín Verde
● Buenas tardes, ¿qué quiere comer?
 ¡Hola! Tengo ganas de comer algo saludable. ¿Qué me recomienda?
● Pues, de primer plato la ensalada de tomate y de segundo plato el pollo o pescado con verduras están muy ricos y de postre fruta de la temporada.
 Vale, entonces quiero la ensalada y el pescado con verduras, pero no quiero postre.
● Y ¿para beber?
 Una botella de agua con gas, por favor.

2 Cafetería Blanca
 Disculpe, ¿aquí se sirve comida vegetariana?
● Sí, tenemos algunos platos vegetarianos.
 ¿Me puede traer la carta, por favor?
● Por supuesto.
***
● ¿Qué quieren comer?
 Para mí unas croquetas de queso, por favor y para él una sopa de verduras.
● ¿Y para beber?
 Para mí una cerveza y para él un jugo de naranja.

3
● ¿Qué quieren comer?
 Pues, para mí una hamburguesa enorme, con tomates, y también una ración de papas fritas.
● ¡Para mí también! Una hamburguesa y papas fritas. Y para beber, una limonada. ¿Qué quieres beber, Marta?
 Una soda, por favor.
● Muy bien, ¿y algo de postre?
● Para mí una torta de chocolate y para ella un helado de vainilla, por favor.
● De acuerdo.

13 ¿Cómo se dice en español? Busca en las conversaciones de la Actividad 12.
How do you say it in Spanish? Find in the conversations in Activity 12.

1 I feel like
2 What do you recommend?
3 Excuse me
4 Can you bring me the menu, please?

5 For me
6 For him
7 And to drink?
8 Anything for dessert?

14 Escucha. Busca y corrige los cinco errores en el pedido.
Listen. Find and correct the five errors in the order.

1 x croquetas de jamón	1 x cerveza
1 x sopa de verduras	1 x vino blanco
1 x pollo con papas	2 x torta de chocolate
1 x bacalao	

5.5 La pasé bien

- Describe a recent holiday
- Give an opinion about something in the past
- Use the preterite tense

1 Escucha. Lee y contesta las preguntas para cada persona. (1–4)

103

Listen. Read and answer the questions for each person.

1 el verano pasado, …

1 ¿Cuándo fuiste de vacaciones?
2 ¿Adónde fuiste de vacaciones?
3 ¿Con quién fuiste?
4 ¿Cómo viajaste?
5 ¿Dónde te alojaste?

2 Habla con tu compañero/a. Usa las preguntas de la Actividad 1.

Talk to your partner. Use the questions in Activity 1.

¿Cuándo fuiste de vacaciones?　　Fui en septiembre.

3 ¿Qué hicieron de vacaciones? Escucha y escribe las letras en orden.

104

What did they do on holiday? Listen and write the letters in order.

f, …

a Jugué al voleibol.

b Nadé en el mar.

c Visité un museo interesante.

d Compré unos recuerdos.

e Practiqué vela.

f Descansé en la playa.

g Cené en un restaurante.

h Fui de excursión en barco.

4 Túrnate en grupo. Haz una cadena.

Take turns in your group. Make a chain.

Primero fui de excursión en barco …

Primero fui de excursión en barco, luego visité un museo interesante, …

primero
luego
después
más tarde
finalmente
al día siguiente
el segundo/
tercer/último día

5 Completa las frases con los verbos en el pretérito.

Complete the sentences with the verbs in the preterite tense.

1 fui

1 El verano pasado (ir) _____ de vacaciones a la República Dominicana.
2 Durante el día (visitar) _____ el monumento a Cristóbal Colón.
3 Por la noche (comer) _____ en un restaurante de comida tradicional.
4 El primer día (beber) _____ una cerveza en una cafetería en la playa.
5 (comprar) _____ una camiseta bonita para mi madre.
6 Por la tarde (practicar) _____ el windsurf y después (descansar) _____ con un buen libro en la playa.

> **Gramática**
>
> The preterite tense is used to describe completed actions in the past.
>
> | visitar | comer | vivir |
> |---------|-------|-------|
> | visité | comí | viví |
> | visitaste | comiste | viviste |
> | visitó | comió | vivió |
> | visitamos | comimos | vivimos |
> | visitaron | comieron | vivieron |
>
> Irregular preterite forms:
> ir – fui
> ser – fui
> estar – estuve
> tener – tuve

6 Lee la postal y busca los verbos en el pretérito. Después, tradúcelos.

Read the postcard and find the verbs in the preterite. Then translate them.

llegué – I arrived

¡Hola!
Me encanta Ciudad de México. Es muy interesante. Llegué hace tres días y fui directamente a Chapultepec, un parque muy bonito. Por la noche cené en un restaurante tradicional y probé quesadillas y también comí churros. El segundo día visité el centro histórico y luego tomé el metro para ver el castillo de Chapultepec. ¡Qué paisajes tan preciosos! El último día por la mañana paseé por el mercado y compré unos recuerdos para mi familia y más tarde visité las ruinas aztecas de Tenochtitlán. ¡Qué antiguas! Saqué muchas fotos.
Mañana voy a ir a Tula para visitar las ruinas de Tollan. Voy a viajar en bus, con unos amigos porque el viaje lleva dos horas. Te escribo desde allí.
Un beso,
Sara

7 Lee la postal otra vez. Contesta las preguntas.

Read the postcard again. Answer the questions.

1 ¿Dónde está Sara?
2 ¿Qué hizo Sara cuando llegó?
3 ¿Qué comió en el restaurante?
4 ¿Qué visitó el segundo día?
5 ¿Qué hizo el último día?
6 ¿Adónde va a ir y cómo?

8 Escribe una descripción de unas vacaciones recientes.

Write a description of a recent holiday.

- ¿Adónde fuiste?
- ¿Con quién fuiste?
- ¿Cómo viajaste?
- ¿Qué hiciste?

9 Escucha. Busca las opiniones y usa mímica para representar cada una.

105 *Listen. Find the opinions and do an appropriate action for each one.*

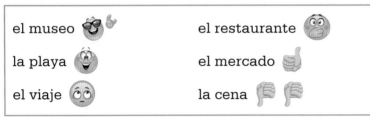

¿Cómo fue?

Fue divertido.   Fue aburrido.

Fue fenomenal.   Fue chévere.

Fue terrible.   Fue bien.

Fue un desastre.   Fue mal.

10 Habla con tu compañero/a.
Talk to your partner.

el museo	el restaurante
la playa	el mercado
el viaje	la cena

¿Cómo fue el museo?

Fue chévere.

11 Mira el mapa. ¿Dónde se encuentran?
Look at the map. Where are these located?
1 Cuba

Colombia
Cuba
la República Dominicana
Costa Rica
Puerto Rico
Venezuela

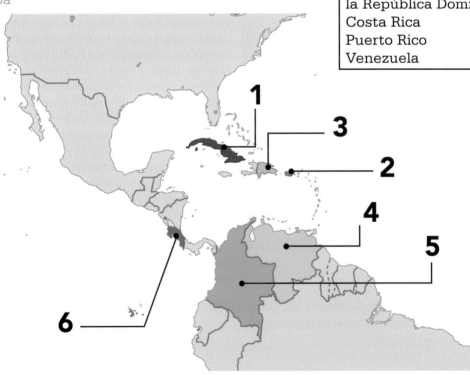

12 Escucha. Copia y completa el cuadro. (1–4)

106 *Listen. Copy and complete the table.*

	Destino	Actividad	Opinión
1	Costa Rica		
2			

13 **Lee los blogs. Identifica el destino y si fue una experiencia positiva (P), negativa (N) o positiva y negativa (P+N).**
Read the blogs. Identify the destination and if it was a positive (P), negative (N) or a positive and negative experience (P+N).

1 En mayo fui a visitar a mi familia en Bogotá. Fuimos en avión, pero fue un viaje muy aburrido. Durante la semana visité el jardín botánico que fue bastante bonito y también fui al mercado de las pulgas de Usaquén donde compré unos recuerdos para mis amigos. Fue un viaje bastante divertido.
Benjamín

2 El verano pasado visité la isla más grande del Caribe para unas vacaciones de sol y playa. Viajé en barco y por las mañanas paseé por La Habana Vieja, tomé un café en la Plaza Vieja y vi monumentos interesantes. Algunas tardes descansé en la playa y otras nadé en la piscina del hotel. Fue una visita muy interesante y relajante.
Eva

3 El año pasado fui a esta isla para ver la arquitectura bonita de San Juan pero fue un desastre porque hubo un huracán muy peligroso que destruyó mucho de la isla y la dejó sin electricidad y agua corriente en muchas partes. ¡Fue terrible!
Carolina

14 **Lee los blogs otra vez. Completa las frases.**
Read the blogs again. Complete the sentences.
1 muy aburrido

1 El viaje en avión fue …
2 En el mercado de pulgas de Usaquén, Benjamín compró …
3 En la Plaza Vieja Eva …
4 Por las tardes Eva …
5 Carolina vio los efectos de …
6 El huracán dejó la isla …

15 **Escucha. Lee las frases. Elige las cinco frases verdaderas.**
Listen. Read the sentences. Choose the five sentences which are true.
1, …

1 Fue de vacaciones con su padre.
2 Se alojó en un hotel con una piscina.
3 La pasó muy bien.
4 Compartió una habitación con su primo.
5 El primer día jugó al fútbol.
6 El segundo día visitó el estadio.
7 El último día fue de viaje con su padre.
8 Fue una experiencia positiva.

16 **Imagina que te tocó la lotería. Escribe sobre unas vacaciones interesantes y las actividades que hiciste. Incluye tu opinión.**
Imagine that you won the lottery. Write about an interesting holiday and the activities you did. Include your opinion.

¡MOCHILEANDO!

Estas son las fotos del blog de mi hermano mayor. Se llama José Luis y es un estudiante de arqueología en Colombia. Este año está **mochileando** por Colombia con su mejor amigo. ¡**Qué envidia!** Visitó muchos lugares interesantísimos. Me gustaría ser arqueóloga como él para poder ir de excursión y viajar por todo el mundo. Quiero ir a Huila, para **conocer** el Parque Arqueológico de San Agustín. En este parque está el mayor grupo de monumentos religiosos y arqueológicos de Suramérica. También quiero ir al Peñón de Guatapé. Es la piedra más grande de Colombia. Fue roca sagrada para los pueblos indígenas. Debes subir 740 **escalones** para llegar a la cima. La Ciudad Perdida es otro de los lugares que me gustaría muchísimo visitar. Pienso que es un lugar fascinante. Más **antigua** que Machu Picchu, y con muchos menos turistas, esta **remota** ciudad en la selva de la Sierra Nevada solo se puede visitar a pie. Lo más interesante de este lugar es conocer a los Kogi, los últimos descendientes de sus primeros habitantes.
Elena

1 Contesta las preguntas.

Answer the questions.

1 Who is backpacking in Colombia?
2 What would Elena like to do in the future?
3 Where is the largest number of archaeological monuments in South America?
4 What is the Peñón de Guatapé?
5 How can you get to La Ciudad Perdida?
6 Who are the Kogi?

mochilear	to go backpacking
¡Qué envidia!	I'm so jealous!
conocer	to know
el escalón	step
antiguo/a	ancient
remoto/a	remote

NUESTRAS
MARAVILLAS NATURALES

Machu Picchu, la antigua e impresionante ciudad de roca **construida** en la Cordillera de los Andes en Perú, es uno de los lugares históricos que más visitan los turistas en Suramérica. Pero en esta región del mundo tenemos abundantes maravillas naturales para explorar y conocer. En la Gran Sabana al sur de Venezuela está el Salto Ángel, la catarata más alta del mundo y uno de los paisajes naturales más **majestuosos** de Suramérica. Si vas a la región central de Venezuela y Colombia, puedes ver los llanos orientales con sus extensiones inmensas de tierras planas, bañadas por las aguas del Río Orinoco. Hacia el norte de Colombia está el Parque Tayrona, donde la sierra baja hasta la costa caribe y ofrece un verdadero **paraíso** ecoturístico y una de las zonas de mayor biodiversidad del mundo. Aquí lo tienes todo. Puedes disfrutar de playas hermosísimas, calas tranquilas con arrecifes espectaculares, senderos con vistas increíbles para hacer **caminatas** y, para los más **atrevidos**, una oportunidad para explorar la **selva tropical**.

Juan Martín

construido/a	built
majestuoso/a	majestic
el paraíso	paradise
la caminata	hike
atrevido/a	daring
la selva tropical	rainforest

2 Empareja las frases.

Match to make sentences.

1 Machu Picchu es una ciudad
2 La catarata más alta del mundo
3 Los llanos de Colombia
4 Hay muchos tipos de animales y plantas
5 Si le gusta hacer senderismo,
6 Si quieres una aventura,

a están al lado de un río enorme.
b puedes ir a la selva.
c en el norte de Colombia.
d está en Venezuela.
e antiquísima en las montañas.
f hay caminatas por el paisaje impresionante.

Mi mundo, tu mundo

What are the biggest natural attractions in your country? Compare them to the ones presented here.
Identify on a map of Latin America all the natural features that you would like to visit.
Plan a route and describe what you will see in each place.

A reforzar

1 Lee la carta. Elige las cinco frases verdaderas.
Read the menu. Choose the five sentences which are true.
1, …

RESTAURANTE PARQUE VERDE

Abre a mediodía y cierra a las once de la noche.
¡Prueba la mejor comida mexicana!
Se encuentra en la Plaza Mayor, cerca del museo.
Cada plato, solo $5

chiles rellenos   enchiladas   tacos

quesadillas   burritos

pozole   tamales

Ofertas: Compra tres platos por $8
Compra cuatro platos por $10
¡Compra cinco platos y recibe una soda o cerveza gratis!

1 The restaurant offers a good range of Mexican dishes.
2 The restaurant is on the main square.
3 You can eat here at midnight.
4 This restaurant serves traditional Spanish food.
5 You get a discount if you buy several dishes.
6 This restaurant is not ideal for vegetarians.
7 You get a free drink if you order 5 dishes.
8 The restaurant is next to the museum.

2 Pon las palabras en orden.
Put the words in order.
1 Me gustan las vacaciones en el campo.

1 las gustan campo vacaciones en el me.
2 el sol en la tomo playa normalmente.
3 en muchos hay museos y la ciudad restaurantes.
4 turismo oficina de está al la de la final calle.
5 mi churrasco favorito es el plato.
6 el mar año fui a de vacaciones pasado y nadé en el Cuba.

3 Mira las imágenes y habla con tu compañero/a.
Look at the pictures and talk to your partner.

- ¿Qué tipo de vacaciones prefieres?
- ¿Cómo vas de vacaciones?
- ¿Qué haces?
- ¿Con quién vas?

¿Qué tipo de vacaciones prefieres?

Prefiero las vacaciones en las montañas.

A practicar

1 ¿Por dónde se va al museo? Escucha, busca las indicaciones y escribe las letras.
How do you get to the museum? Listen, find the directions and write the letters.

108

a, …

a Siga todo recto.

b Cruce la plaza.

c Pase el semáforo.

d Tome la primera a la derecha.

e Tome la segunda a la izquierda.

f Tome la tercera calle a la derecha.

g Gire a la derecha.

h Gire a la izquierda.

2 Lee el texto de Vanessa y contesta las preguntas.
Read Vanessa's text and answer the questions.

Normalmente voy de vacaciones con mi familia a una ciudad en la costa cerca de Caracas. Me encanta porque es un sitio muy bonito y hay mucho que hacer. Se puede visitar la playa todos los días o ir a las tiendas en los centros comerciales. Además, se puede viajar fácilmente en tren o en bus a otros pueblos de la costa. También se puede viajar en tren a otras ciudades como Ciudad Bolívar. ¡Qué genial!

Caracas es una ciudad bastante vieja con mucha historia. Para los turistas hay una catedral, muchos museos y un puerto. Para los jóvenes hay muchos cines y el parque acuático. Por la noche normalmente voy a discotecas o ceno en restaurantes de comida típica de la región. Mi plato favorito son las arepas. ¡Son muy ricas!

1 Where does Vanessa go on holiday?

2 Who does she go with?

3 Where does Vanessa like to shop?

4 What methods of transport are there in the city?

5 What is there for tourists to do?

6 What is there in Caracas for young people?

7 What does she do in the evening?

8 What does she think of arepas?

3 Escribe una descripción de una ciudad que visitaste de vacaciones.
Write a description of a town you visited on holiday.

- ¿Adónde fuiste de vacaciones el año pasado?
- ¿Con quién y cómo viajaste?
- ¿Qué hay de interés para los turistas?
- ¿Qué comidas típicas probaste?

4 Habla con tu compañero/a. Usa las preguntas y tus respuestas de la Actividad 3.
Talk to your partner. Use the questions and your answers from Activity 3.

¿Adónde fuiste de vacaciones el año pasado?

El año pasado fui de vacaciones a Venezuela.

A ampliar

1 **Lee los textos. Lee las frases. ¿Quién habla? Escribe A (Adela), J (Jorge) o A+ J (los dos).**
Read the texts. Read the sentences. Who's talking? Write A (Adela), J (Jorge) or A+J (both).
1 A

El verano pasado fui de vacaciones con mi tía a Cuba. Fuimos por una semana y nos alojamos en un hotel en el pueblo viejo de la Habana. Me gustó mucho la visita porque fue muy interesante. El primer día fui a la playa donde me relajé con un poco de música y por la noche fui a un restaurante donde probé el pollo con mojo, un plato típico.
Es delicioso.
En general, no hice mucho pero un día visité el puerto. Fueron unas vacaciones muy buenas.
Adela

En primavera fui a Ciudad de México por cinco días. Me alojé en un hotel en el centro que era bastante barato.

Visité muchos lugares de interés – primero vi la pirámide del sol en Teotihuacán, luego fui a una iglesia famosa, Nuestra Señora de Guadalupe. Al día siguiente fui al museo nacional donde vi artefactos de la civilización maya. Finalmente fui al Bosque de Chapultepec, un parque enorme con un zoológico y museos. ¡Fue fenomenal! Tengo muchas ganas de volver.
Jorge

1 Fui a una isla en América Central.
2 Me alojé en un hotel.
3 No hice muchas actividades.
4 Fui al pueblo viejo.
5 Fui a un parque grande.
6 Visité muchos monumentos.
7 La pasé muy bien.
8 Voy a volver en el futuro.

109

2 **Escucha la conversación en el restaurante. ¿Qué quieren los tres clientes?**
Listen to the conversation in the restaurant. What do the three customers want to have?
Primer plato   *sopa de verduras, …*   **Segundo plato**   **Bebida**

3 **Elige las formas correctas.**
Choose the correct forms.
1 nadé

1 El año pasado fui a Venezuela y **nado / nadaste / nadé** en el mar todo el día.
2 **¿Compré / Compraste / compro** recuerdos para tu familia?
3 Nos **alojé / alojamos / alojar** en un camping.
4 La semana pasada **voy / fui / vamos** a Puerto Rico por unos días.
5 Ayer **visitamos / visitar / visito** los monumentos del centro histórico.
6 **¿Fui / Fuiste / Fue** a visitar a tu familia en Argentina alguna vez?

4 **Traduce el texto.**
Translate the text.

I prefer active holidays. I normally go on holiday to the mountains or the coast, where I ride my bike or swim in the sea. I don't like cultural holidays because I think that visiting monuments and cathedrals is a bit boring. I love to try the local food because I'm very hungry when I do a lot of activities. Last year I went to Caracas, in the north of Venezuela. I went for a walk and swam in the sea during the day and then I ate lots of delicious food.

Talk about my holiday preferences

Say what kind of holidays I prefer	*Prefiero las vacaciones en el extranjero.*
Say who I go on holiday with	*Voy con mi madre/mis padres.*
Say how I travel	*Voy en avión/carro/barco.*
Say when I go on holiday	*Voy en verano/julio.*
Say what I do on holiday	*Descanso/nado en el mar.*

Talk about places of interest

Say what's there and isn't there	*Hay un castillo, pero no hay zoológico.*
Say what activities there are	*Para turistas, hay un museo, …*
Say when a place opens	*Abre a las 9.*
Say when a place closes	*Cierra a las 10.*
Say what I'm going to do	*Voy a comer en un restaurante típico.*

Find my way around

Say where places are	*El hotel está al final de la calle.*
Ask for directions	*¿Dónde está el/la …?*
Understand directions	*Siga todo recto. Gire a la derecha.*
Use imperatives to give instructions	*¡Beba!/¡Tome!*

Order food in a restaurant

Ask for a menu	*La carta, por favor.*
Order food and drink for myself	*Quiero unas croquetas.*
	Para mí una limonada.
Order food and drink for someone else	*Para él/ella una hamburguesa y una soda.*
Use adjectives to describe food	*La tortilla es deliciosa.*
Use superlative *–ísimo* form	*Los tamales son riquísimos.*
Say what food I like	*Me gustan las arepas.*
Say what food I don't like	*No me gusta el gallo pinto.*

Talk about a past holiday

Say where I went	*Fui de vacaciones a España.*
Say who I went with	*Fui con mi familia.*
Say how I got there	*Viajé en avión.*
Say where I stayed	*Me alojé en un hotel/la casa de mis abuelos.*
Say what I did on holiday	*Fui de excursión.*
	Jugué al voleibol.
Use the preterite tense	*Visité la catedral, fui a la playa y cené en un restaurante.*
Use time expressions to link activities	*Luego visité el museo, después descansé y más tarde fui a cenar.*
Give my opinion about activities I did	*Fue genial/terrible/muy aburrido.*
Say I had a good time	*La pasé bien.*
Say I didn't have a good time	*La pasé mal.*
Describe a past visit in detail	*El primer día visité la catedral … y el último día fui al mercado.*

¡Adoro las vacaciones!

Prefiero las vacaciones …	I prefer … holidays
activas/de tipo cultural	active/cultural
Me gustan las vacaciones …	I like holidays …
en las montañas	in the mountains
en la costa	on the coast
en el campo/la ciudad	in the country/city
al aire libre	in the open air
en un camping	on a campsite
en el extranjero	abroad
¿Cómo vas?	How do you travel?
Voy en carro/tren/avión.	I go by car/train/plane.
¿Con quién vas?	Who do you go with?
Voy con mi familia/ mis amigos.	I go with my family/ friends.
¿Qué haces en las vacaciones?	What do you do on holiday?
Compro recuerdos.	I buy souvenirs.
Descanso.	I rest.
Hago surf.	I go surfing.
Monto en bicicleta.	I ride my bicycle.
Nado en el mar.	I swim in the sea.
Saco fotos.	I take photos.
Tomo el sol.	I sunbathe.
Voy de paseo.	I go for a walk.

¿Qué hay de interés en …? / What is there to do in …?

Para turistas hay …	For tourists there's …
unas canchas de tenis	some tennis courts
un castillo	a castle
una catedral	a cathedral
un cine	a cinema
unos monumentos	some monuments
un museo	a museum
un parque acuático/ temático	a water/theme park
una piscina al aire libre	an outdoor pool
unas playas bonitas	some lovely beaches
un puerto	a port
muchos restaurantes	a lot of restaurants
muchas tiendas	a lot of shops
un zoológico	a zoo
¿A qué hora abre/cierra el museo?	What time does the museum close?
¿Cuánto cuestan las entradas?	How much do tickets cost?

Pedir/dar indicaciones / Asking for/giving directions

¿Dónde está …?	Where is …?
el correo	the post office
la estación de tren/buses	the train/bus station
el hotel	the hotel
el museo	the museum
la oficina de turismo	the tourist office
la plaza	the square
el restaurante	the restaurant
¿Dónde se encuentra el parque?	Where is the park?
¿Por dónde se va al centro histórico?	How do you get to the old part of town?
Siga todo recto.	Go straight ahead.
Gire a la derecha/ izquierda.	Turn right/left.
Tome la primera/ segunda/tercera calle a la derecha/izquierda	Take the first/second/ third street on the right/left
Cruce la plaza.	Go across the square.
Pase el semáforo.	Go past the traffic lights.
Está cerca/lejos de la plaza.	It's near/far from the square.
Está enfrente/al lado de la catedral.	It's opposite/next to the cathedral.

La comida / Food

¿Qué quiere(n) comer/beber?	What would you like to eat/drink?
De primer/segundo plato quiero …	as a starter/main course I'd like …
el ajiaco	potato and chilli stew
las arepas	corn cakes
el arroz con frijoles	rice and beans
el bacalao	cod
los camarones	prawns/shrimps
los chiles rellenos	stuffed chilli peppers
el churrasco	barbecued meat
las croquetas de jamón	ham croquettes
las empanadas	pies/patties
el gallo pinto	Nicaraguan rice and beans dish
el pollo asado	roast chicken
el pozole	maize stew
el puchero	stew
la ropa vieja	meat stew
los tamales	tamales
Para mí/él/ella …	I'll/He'll/She'll have …
Disculpe/Por favor	Excuse me
La carta, por favor.	Can we see the menu, please?
¿Cuál es tu plato favorito?	Which is your favourite dish?
la carne blanca/roja	white/red meat
De postre quiero …	For dessert, I'd like …

el flan	crème caramel
la fruta de la temporada	seasonal fruit
el helado de vainilla/fresa	vanilla/strawberry ice cream
el postre tres leches	three-milk cake
la torta de chocolate	chocolate cake
¿Y para beber?	And to drink?
el agua con/sin gas	sparkling/still water
la soda	fizzy drink
el vino blanco/tinto	white/red wine
una botella de (agua)	a bottle of (water)
Tengo mucha hambre/sed.	I'm very hungry/thirsty.
¡Qué hambre/sed!	I'm so hungry/thirsty.
ácido/a	sour
amargo/a	bitter
asqueroso/a	disgusting
bueno/a	good
delicioso/a	delicious
fresco/a	fresh
insípido/a	tasteless, bland
picante	spicy
refrescante	refreshing
rico/a	delicious
sabroso/a	tasty
saludable	healthy
Es riquísimo/a.	It's really delicious.
un plato/restaurante vegetariano	a vegetarian dish/ restaurant

¿La pasaste bien?
Did you have a good time?

¿Qué hiciste?	What did you do?
Fui a Cuba con mi familia.	I went to Cuba with my family.
Fuimos en barco.	We went by boat.
Me alojé/Nos alojamos en un hotel.	I/We stayed in a hotel.
Compré recuerdos.	I bought souvenirs.
Descansé.	I rested.
Fui de paseo.	I went for a walk.
Hice surf.	I went surfing.
Jugué al tenis.	I played tennis.
Monté en bicicleta.	I rode my bicycle.
Nadé en el mar.	I swam in the sea.
Practiqué vela.	I went sailing.
Saqué fotos.	I took photos.
Tomé el sol.	I sunbathed.
Visité los monumentos.	I visited the monuments.
La pasé bastante bien.	I had quite a good time.
La pasé muy bien.	I had a really good time.
La pasé muy mal.	I had an awful time.
La pasamos fenomenal/ terrible.	We had a great/terrible time.
¡Fue genial!	It was great!
¡Fue chévere!	It was cool!

6 NUESTRO mundo

- Identify landforms
- Compare geographical features
- Use superlatives

6.1 El planeta azul

1 Escucha y escribe los números en orden.

110

Listen and write the numbers in order.

3, …

1 la montaña   **2** el desierto   **3** el río

4 la llanura   **5** el lago   **6** el volcán

7 la selva amazónica   **8** el mar

2 Escribe las palabras que faltan.

Write the missing words.

llanura	volcán	selva	desierto	~~montaña~~	río

1 montaña

1 El Aconcagua es la _____ más alta de Suramérica y está en Argentina.

2 La _____ amazónica cubre partes de varios países suramericanos.

3 El _____ del Fuego, en Guatemala, está activo.

4 El Amazonas es el _____ más largo de América del Sur y el más caudaloso del mundo.

5 La _____ Oriental es una gran extensión de tierra plana en Colombia.

6 Venezuela tiene un _____ pequeño que se llama Los Médanos.

> **¡Nota!**
> Note that in Spanish the article is used with landforms like rivers, lakes, mountains and deserts:
> *el Amazonas*   *el Aconcagua*
> *el Titicaca*   *el Atacama*

3 Habla con tu compañero/a.
Talk to your partner.

Me gustaría visitar Argentina.

¿Por qué?

Para ver el Aconcagua que es la montaña más alta de Suramérica.

The superlative is formed using *el/la/los/las* [the definite article] + *más* + adjective. The adjective agrees with the noun and comes after it.

El Amazonas es el río más largo del continente suramericano. The Amazon is the longest river in the South American continent.

Note the use of *de* to say where.

Hay nieve en las montañas más altas de Chile. There's snow on the tallest mountains in Chile.

4 Elige las palabras correctas.
Choose the correct words.

1 planas

1 En Colombia las extensiones de tierra más **plana / planas / planos** son las llanuras orientales.

2 El Volcán del Fuego es el más **activos / activa / activo** y peligroso de la región.

3 El lago más **alta / alto / altos** del mundo se llama El Titicaca.

4 El desierto de Atacama en Chile es el más **secos / seca / seco** del mundo.

5 Las aguas del Caribe están entre las más **cálidas /calidos / cálida** del océano Atlántico.

6 El Amazonas es el río más **larga / largo / largos** en Suramérica.

5 Escucha y contesta las preguntas.
Listen and answer the questions.

1 ¿Cómo se llama el lago más alto del mundo?

2 ¿Dónde está la catarata más grande del mundo?

3 ¿Qué es el Atacama?

4 ¿Dónde está la montaña más alta de Suramérica?

5 ¿Cuál es el río más grande de Suramérica?

6 ¿En qué país está el Volcán del Fuego?

The Angel Falls is the highest waterfall in the world. It was named after an American pilot called James Angel. The Churún river drops 979 meters from a high plateau called Ayuantepuy (Devil's Mountain). Its indigenous name is Kerepakupai Merú.

6 Habla con tu compañero/a.
Talk to your partner.

¿Hay un volcán en tu país?

No. No hay un volcán en mi país.

¿Hay un río en tu país?

Sí. Hay un río. Es el río Caroní.

7 Lee y contesta las preguntas.
Read and answer the questions.

Mario López
malopez2004@viva.cob

Hola Javi,

¿Qué tal tus vacaciones de agosto? ¡Las *mías* fantásticas!

Otra vez fui con mi papá y mis tíos mochileando y de turismo por Venezuela. Como sabes, el año pasado visitamos el Pico Bolívar. Es una montaña altísima cubierta de nieve y la más alta de Venezuela. Lo que menos me gustó de esas vacaciones fue el clima: superfrío y con mucho viento todos los días. Yo prefiero el calor. ¡Este año también la pase súper! Fuimos al sur de Venezuela, a la gran Sabana en Canaima. Canaima es el parque nacional más grande de Venezuela y forma parte de la selva amazónica donde hay más diversidad de animales salvajes, insectos y serpientes que en cualquier otra selva del mundo. Aquí hace más calor que en la montaña. Lo que más me gustó fue ir de excursión al Monte Roraima. Es una gigantesca montaña con el tope plano como una llanura y los lados verticales. Escríbeme pronto y cuéntame de tus vacaciones.

Un abrazo,
Mario

1 What kind of holiday did Mario have?
2 What did he visit there last year?
3 What did he enjoy least last year?
4 What is special about Canaima National Park?
5 What did he enjoy most this year?
6 What is Mount Roraima like?

> **Gramática**
>
> Use the comparative to compare things. It is formed using *más* + adjective + *que*. The adjective agrees with the noun.
>
> *Esta montaña es* *más alta que* *el Aconcagua*. This mountain is taller than Aconcagua.

8 Escucha y contesta las preguntas.
112

Listen and answer the questions.

 Tamara

 Tomás

 Marilú

 Carlos

1 Who's the fastest runner in the school?
2 Who thinks she's the most intelligent?
3 Who's the best at languages?

4 How does Tomás know Marilú is good at sport?
5 Who is good at drama?
6 How does Marilú end the debate?

9 Habla con tu compañero/a.
Talk to your partner.

> ¿Qué es más aburrido, el arte o las matemáticas?

> Las matemáticas son más aburridas que el arte.

10 Escucha y escribe los tres países mencionados. (1–3)

13 *Listen and write the three countries mentioned.*

11 Escucha otra vez. Contesta las preguntas. (1–3)

13 *Listen again. Answer the questions.*

1 Which is the second-smallest country in South America?
2 Which country has very high mountains?
3 Which country has many rivers and very modern cities?
4 Which is the largest island in the Caribbean?
5 Which country doesn't have a tropical climate?
6 Which country is quite flat and has a lot of wild flowers?

12 Lee la página web. Elige seis puntos para convencer a tus padres de pasar unas vacaciones en Venezuela.

Read the web page. Choose six points to convince your parents to go on holiday to Venezuela.

1 It's a paradise for ecotourists.

Venezuela:

Un paraíso para los ecoturistas

Venezuela es un país al norte del continente suramericano con muchas regiones diferentes. Es un paraíso ecoturista. Al norte está el mar Caribe y hay abundantes costas y playas. Hacia el sur está la selva Amazónica donde se encuentra el parque nacional Canaima con el Salto Ángel, la catarata más alta del mundo. En Venezuela también hay muchos ríos y lagos. El río más largo e importante del país es el río Orinoco. Es uno de los ríos más largos y caudalosos del mundo. Hacia el oeste del país hay extensas llanuras y también montañas altísimas cubiertas de nieve que forman parte de la Cordillera de los Andes. Incluso hay un desierto pequeño: Los Médanos de Coro. Finalmente, en la costa oeste del mar Caribe, está el Lago de Maracaibo, el lago natural más grande de Suramérica.

13 Investiga otro país hispanohablante y escribe un anuncio para promocionarlo.

Research another Spanish-speaking country and write an advert to promote it.

- costas y montañas
- clima tropical
- playas de arenas blancas
- aguas cálidas
- parques nacionales con especies amenazadas

¡Nota!

Remember how to form the *–ísimo* superlative ('very'/'really').

alto	altísimo	altísima
grande	grandísimo	grandísima
largo	larguísimo	larguísima
azul	azulísimo	azulísima

¡Nota!

Use *lo que más me gusta* to talk about what you like most about something:
Lo que más me gusta es el clima cálido/ son las playas. What I like most is the warm climate/are the beaches.

- Identify wild animals
- Talk about the dangers facing animals
- Use impersonal structures with *se* and *hay que*

1 Escribe los nombres de los animales.
Write the names of the animals.
1 el caimán

el elefante
la jirafa
el mono
el caimán
el oso polar
la lagartija
el pájaro
la serpiente
la tortuga
el tigre

2 Escucha e identifica los animales. (1–8)
114
Listen and identify the animals.
1 el elefante

Remember to listen out for cognates. These will help you work out new words.

Gramática
To talk about where animals live, use *habitar* (not *vivir*). It is a regular *–ar* verb.
Es un animal que habita en África. It's an animal that lives in Africa.

¡Nota!
Note that the article is used when we talk about animals as a species.
Los elefantes habitan en llanuras tropicales de Asia y África. Elephants live on tropical plains in Asia and Africa.

3 Escucha otra vez. Escribe los detalles. (1–8)
114
Listen again. Write the details.
1 biggest animal in the jungle

4 Habla con tu compañero/a.
Talk to your partner.

¿Dónde habita la jirafa?   Habita en las llanuras de África.

5 Empareja las frases.
Match to make sentences.
1 f

1 Hay muchas tortugas marinas
2 En las selvas tropicales
3 El tucán y el cóndor son
4 No hay elefantes en América
5 El mono capuchino
6 Hay osos polares en el polo norte

a hay una gran diversidad de lagartijas.
b en el mar Caribe.
c pero no hay pingüinos allí.
d pájaros que habitan en América Central y del Sur.
e porque son nativos de las llanuras de África y Asia.
f es muy común es las islas del Caribe y en Centroamérica.

6 Escucha la conversación. Contesta las preguntas.
Listen to the conversation. Answer the questions.

1 What does the father suggest doing?
2 Why does Julián like tigers?
3 What does he find fascinating about elephants?
4 Why doesn't the mother like going to the zoo?
5 Where does the girl prefer to see animals?
6 Which of the titi monkey's characteristics does the girl like?

7 Elige las palabras correctas.
Choose the correct words.

1 habitan

1 Muchos animales salvajes que **habitan / habita** en las selvas tropicales están amenazados.
2 El ocelote y el jaguar **es / son** felinos que habitan en América Central y del Sur.
3 El oso panda ya no **es / está** en peligro de extinción.
4 En el continente suramericano **hay / tiene** diez especies de felinos.
5 En las llanuras de África hay una gran diversidad de especies **marinas / terrestres**.
6 El cóndor andino es el pájaro volador **más / muy** grande del mundo.

8 Habla con tu compañero/a.
Talk to your partner.

Soy un animal terrestre/marino/salvaje.
Como plantas y frutas.
Habito en las llanuras/la selva/el mar.

¿Qué comes?
¿Dónde habitas?
Eres ...

Soy un animal terrestre.

¿Dónde habitas?

9 Lee y escribe los detalles.
Read and write the details.

El Tití-cabeciblanco está amenazado

¿Quieres ayudar a los animales amenazados? Adopta un animal y ayúdalo a sobrevivir.

El Tití-cabeciblanco es uno de los monos más pequeños del Nuevo Mundo. Esta especie de tití es especial por su cabeza de pelo largo y blanco. Son animales muy activos que corren, juegan y saltan de rama en rama en las selvas tropicales donde habitan. Son muy divertidos y tenemos que hacer todo lo posible para salvarlos. Comen semillas, frutas pequeñas y a veces insectos y gusanos. Este pequeño mono habita más que todo en el noroeste de Colombia. En la actualidad hay muchísimos menos que antes porque este lindo monito está amenazado. Hoy en día hay más en cautiverio que los que habitan libremente en las selvas.

¡Adóptame, por favor!

10 Escucha y escribe los números.
Listen and write the numbers.

116

1, …

> estoy de acuerdo I agree
> la sobrevivencia survival

1 en peligro de extinción

2 la minería ilegal

3 los matan los cazadores furtivos

4 no hay suficiente alimento

5 está lleno de basura

6 se destruye su hábitat

7 la deforestación

8 el calentamiento global

Gramática

Spanish uses impersonal expressions with *se* and *hay que* to talk about things in general. *se* is used with the 3rd person singular or plural form of the verb, depending on what is being talked about.

Se pone en peligro la naturaleza. Nature is endangered.
Se destruyen sus hábitats. Their habitats are being destroyed.
hay que is followed by the infinitive.
Hay que cuidar nuestro planeta. We need to look after the planet.

---

11 Escucha otra vez. Lee las frases y escribe V (verdadero) o F (falso).
Listen again. Read the sentences and write V (true) of F (false).

116

1 F

> What do these expressions mean?
> *las especies amenazadas*
> *las especies en peligro de extinción*

1 Plastic in the oceans is endangering all animals.
2 Illegal mining is destroying the habitats of many snakes and lizards.
3 Polar bears are at risk from the effects of global warming.
4 Some species are further endangered because they are hunted.
5 Global warming provides animals with the food sources they need to survive.
6 The children think everything possible is already being done to protect these animals.

12 Trabaja en grupo. Busca otras seis especies amenazadas. Copia y completa el cuadro.
Work in groups. Find six other endangered species. Copy and complete the table.

Especie	Hábitat	Razones
oso polar	*polo norte*	*calentamiento global*

13 Escribe las palabras que faltan.

Write the missing words.

basura	especies	deforestación	matan	lagartijas
calentamiento	cuidar	minería	peligro	destruye

En peligro de extinción

Alpha1: Hay demasiadas (1) _____ de plantas y animales en (2) _____ de extinción. Es importante trabajar juntos para ayudar a los animales. Debemos (3) _____ nuestro planeta.

Mari: Estoy de acuerdo. Hay muy pocos tigres en el mundo porque los cazadores furtivos los (4) _____. Es muy triste.

Meme23: La (5) _____ ilegal es un problema muy grande también. Muchos animales en el Amazonas están amenazados porque se (6) _____ su hábitat.

Nat_Nat: Para mí, el plástico en los océanos es un problema muy grande. Hay que aprender a reciclar y reusar. La (7) _____ en los océanos es problema de todos.

Alpha1: Muchos pájaros, (8) _____ y monos están amenazados por la (9) _____. Este es un desastre provocado por el hombre que también podemos parar.

Nat_Nat: Yo pienso que el (10) _____ global es un problema grandísimo. Es más importante que todos los demás.

Mari: ¡Es verdad! El calentamiento global es un problema de todos. Afecta a los animales, las plantas y a las personas también.

---

14 Lee el texto otra vez. Lee las frases. ¿Quién opina? Escribe los nombres.

Read the text again. Read the sentences. Whose opinion is it? Write the names.

1 Meme23

1 Animal habitats are destroyed by illegal mining.
2 Deforestation is avoidable.
3 There are very few tigers because hunters kill them.
4 The biggest problem is global warming.
5 We need to recycle to reduce the rubbish in the oceans.
6 It's important to work together to help animals.

15 Escucha. Copia y completa el cuadro.

Listen. Copy and complete the table.

la jirafa

la guacamaya azul

la tortuga baula

Especie	Hábitat	Peligro
jirafa	*llanuras de África*	*cazadores furtivos, deforestación*

6.3 Debemos ayudar

- Identify natural disasters and environmental issues
- Say what we should do to help
- Use *deber*

 1 Escribe. Escucha y comprueba.
Write. Listen and check.

1 el huracán

Los desastres naturales
el derrumbe	el huracán	el sunami
la erupción volcánica	la inundación	el terremoto
	la sequía	la tormenta

2 Elige las palabras correctas.
Choose the correct words.

1 hay

1 Entre junio y diciembre **tiene / hay / son** muchos huracanes en la región del Caribe.

2 En la cordillera de los Andes hay muchísimos volcanes **erupciones / activos / agresivos**.

3 A veces las lluvias torrenciales causan **tormentas y huracanes / terremotos y sunamis / inundaciones y derrumbes**.

4 Cuando no llueve mucho ocurre una **sequía / derrumbe / inundación**.

5 El anillo de fuego es una región con mucha actividad **con volcanes / volcánica / volcánicas**.

6 Los **huracanes / desastres / problemas** naturales afectan a muchas personas en todo el mundo.

 3 Escucha. Copia y completa el cuadro. (1–6)
Listen. Copy and complete the table.

Número	Región	Desastre
1	*California*	*terremotos*
2		

4 Habla con tu compañero/a.
Talk to your partner.

¿Te gustaría vivir en Chile?

No, porque en Chile hay muchas erupciones volcánicas. Es más peligroso que aquí.

5 Escucha y escribe las letras. (1–4)

Listen and write the letters.

Hay …
demasiado tráfico
demasiada expansión
urbana
mucha basura
muchos gases de
efecto invernadero

6 Escucha otra vez. Escribe el problema de cada ciudad y el efecto sobre la población. (1–4)

Listen again. Write the problem in each city and its effect on the population.

La Habana   Caracas   Bogotá   Lima

7 Escribe las palabras que faltan.

Write the missing words.

afecta   amenazados   basura   ~~contaminación~~
contaminan   desastre   fábricas   tráfico

1 contaminación

Vivo en Quito, la capital de Ecuador, que es una de las ciudades de Suramérica con la mayor (1) _____ ambiental. En Quito hay demasiado (2) _____ y muchísimas (3) _____. El humo de las fábricas y de los carros contamina el aire en toda la ciudad. Las fábricas también (4) _____ el agua y la tierra. Es un (5) _____ ecológico y un problema muy grande para todas las personas que viven y trabajan en Quito. La (6) _____ es otro gran problema que (7) _____ nuestro medio ambiente y también el hábitat de muchos animales y plantas nativos en la ciudad. Hay una gran variedad de pájaros, insectos y animales pequeños que están (8) _____ por la destrucción y contaminación de sus espacios.

8 Trabaja en grupo. Escribe una lista de los problemas medioambientales en tu región del mundo y sus efectos. Después habla con tus compañeros.

Work in groups. Write a list of the environmental problems in your part of the world and their effects. Then talk to your classmates.

Problema medioambiental	Efecto sobre la población

En mi opinión, el problema de la contaminación es más importante que la basura.

Para mí es al contrario. La basura es un problema más grande que la contaminación.

9 Escribe un artículo para el boletín del colegio. Describe qué problemas medioambientales afectan tu país.

Write an article for the school newsletter. Describe the environmental problems affecting your country.

6.3 Debemos ayudar

10 Escucha y busca. Escucha otra vez y repite.
Listen and find. Listen again and repeat.

121

¿Qué se debe hacer para proteger el medioambiente?

Se debe …
ahorrar agua.
reducir la contaminación/el consumo.
utilizar el transporte público.
Se deben …
reciclar papel, plástico y vidrio.
plantar más árboles.

Gramática

When you're talking about what people in general should do, use *se debe* followed by an infinitive.
Se debe ahorrar agua.
You should save water.

If you're talking about more than one thing, it is more common to use *se deben*.
No se deben desperdiciar los recursos.
You mustn't waste resources.

11 Escucha y escribe los detalles.
Listen and write the details.

122

se debe/deben	no se debe/deben
reciclar	desperdiciar los recursos

el cambio climático climate change

12 Elige las formas correctas.
Choose the correct forms.

1 debe

1 Se **debe / deben** ahorrar agua.
2 No se **debemos / debe** desperdiciar la comida.
3 Se **debemos** / deben proteger los recursos naturales.
4 No se **debo / deben** destruir los hábitats de las especies amenazadas.
5 Se **deben / debe** usar más transporte público.
6 No se **deben / debe** contaminar el mar con plástico.

13 Túrnate en grupo. Haz una cadena.
Take turns in groups. Make a chain.

Ahorro agua …

Ahorro agua y no tiro la ropa …

14 Empareja las frases.
Match to make sentences.

1 b

1 Se debe reciclar más
2 Se debe usar más transporte público
3 Se deben plantar más arboles
4 No se debe tirar la ropa
5 No se debe tirar basura en el mar

a para reducir el consumo.
b para ahorrar los recursos naturales.
c para proteger el medioambiente.
d para reducir la contaminación.
e para no contaminar los hábitats de las especies marinas.

15 Lee la conversación y contesta las preguntas.
Read the conversation and answer the questions.

- Gabriela, ¿me ayudas con mi tarea de geografía, por favor?
- Claro, Alberto. A ver, ¿de qué se trata?
- Tengo que escribir algo sobre cómo podemos proteger el medioambiente.
- Hay muchas cosas que se deben y no se deben hacer. En casa se puede hacer mucho para cuidar el medioambiente.
- Bueno, sí. Siempre reciclamos el papel, plástico y vidrio.
- ¡Claro! Reciclar es muy importante porque hay que reducir el consumo de los recursos naturales. También se debe ahorrar agua en la cocina y los baños. No es bueno desperdiciar agua.
- Mis padres siempre dicen que no se debe desperdiciar energía. La televisión, los videojuegos y el Internet todos usan mucha energía.
- Tienen razón. Hay que ahorrar energía y recursos para proteger el planeta. También hay que usar el transporte público o caminar más para reducir la contaminación.
- Bueno, gracias. Ya tengo algunas ideas para empezar.

1 What does Alberto have to do for his geography homework?
2 What does Alberto already do at home?
3 Why does Gabriela think recycling is important?
4 What do Alberto's parents always say?
5 Why does Gabriela agree with them?
6 What other things does Gabriela suggest doing to help reduce pollution?

16 Trabaja en grupo. Completa las listas con tus propias ideas sobre cómo cuidar el planeta.
Work in groups. Complete the lists with your own ideas on how to look after the planet.

Cómo se puede ciudar el planeta

Se debe ...
- proteger a los animales amenazados.
- causar menos contaminación.
-
-

No se debe ...
- tirar basura en la playa.
- ir en carro a todas partes.
-
-

17 Escribe un artículo para el sitio web de tu colegio para inspirar a tus compañeros a preocuparse más por el medioambiente.
Write an article for the school website to inspire your school friends to be more environmentally aware.

ahorrar

no desperdiciar

reciclar

no tirar

reducir

no destruir

proteger

plantar

usar

SURAMÉRICA: ¡TIERRA DE CONTRASTES!

Viajar por Suramérica es descubrir que es una tierra hermosa de intensos contrastes.

Rodeada por el Océano Pacífico, el Atlántico y las **tibias** aguas del Mar Caribe nuestras tierras ofrecen playas abundantes en sus costas y montañas altas cubiertas de nieve en la majestuosa **Cordillera** de Los Andes. Tenemos volcanes activos en Chile y **llanuras** tan extensas como mares en Colombia y Venezuela. **Además de** algunos de los ríos más largos y caudalosos del mundo, hay grandes desiertos como los de La Guajira y Tatacoa en Colombia y el más conocido de Atacama, el desierto más seco del mundo, en Chile. En el corazón del continente hay densas selvas tropicales con una gran variedad de plantas exóticas y animales salvajes. Desafortunadamente, es también una tierra donde los desastres naturales causan tragedias todos los años. Durante la temporada de lluvias, los huracanes y las lluvias torrenciales causan inundaciones y derrumbes terribles **a lo largo de** las costas tropicales.

rodeado/a	surrounded
tibio/a	warm
la cordillera	mountain range
a lo largo de	along

1 Lee las frases y escribe V (verdadero) o F (falso).

Read the sentences and write V (true) or F (false).

1 South America is bordered by two oceans.
2 There are large seas in the middle of Colombia and Venezuela.
3 The driest desert in the world is in Colombia.
4 Colombia has three deserts.
5 There are tropical rainforests in the heart of the continent.
6 There are terrible floods and landslides during the rainy season.

VAMOS A CUIDAR NUESTRA TIERRA

Queridos amigos suramericanos,
Nosotros los jóvenes somos el futuro de un mundo que está en peligro. Es importante ser más conscientes de cómo las acciones humanas impactan negativamente en el medioambiente. Es un problema que afecta a todos y es nuestra responsabilidad cuidar y proteger nuestro planeta. Suramérica es un continente vasto, hermoso y abundante en recursos y **riquezas naturales**. Actualmente **se explota** nuestra selva Amazónica, con su diversidad animal y vegetal. Este **pulmón natural**, de gran importancia para todos los habitantes del planeta, es víctima de la contaminación, la deforestación indiscriminada y la minería ilegal. En el Amazonas, hay miles de especies de animales salvajes que son únicas en el mundo. Pero en la actualidad, cientos de ellas están amenazadas y muchas desaparecieron por la destrucción de sus hábitats. En Colombia, la **quema** de **residuos de cultivos**, es una de las muchas fuentes de contaminación del aire. En Venezuela, algunas especies como el cocodrilo del Orinoco están en peligro de extinción porque los ríos están contaminados con plástico, residuos minerales y todo tipo de basura. ¡Recuerden, amigos! Es nuestro planeta, nuestra Tierra. Es nuestro **patrimonio**. ¡Cuidémoslos!

las riquezas naturales	natural wealth
se explota	is exploited
el pulmón natural	natural lung
la quema	burning
los residuos de cultivos	crop residues
el patrimonio	heritage

2 Contesta las preguntas.
Answer the questions.
1 Who is this letter addressed to?
2 What is the biggest issue affecting the planet?
3 Why is the Amazon rainforest important?
4 What are three issues endangering species in the Amazon jungle?
5 Why is the Orinoco crocodile endangered?
6 Why should young people take care of the planet?

Mi mundo, tu mundo

Write a letter to the person in charge of your country about a specific environmental problem affecting your country.
Research new initiatives and technologies that are being developed to help slow down or reverse the negative impact of human activity on the environment. Create a brochure to promote these.

Otra vez

A reforzar

1 Empareja las frases.

Match to make sentences.

1 e

1 En Suramérica hay montañas
2 Los desiertos son regiones
3 En Ecuador, Chile y Argentina
4 Las llanuras son extensiones de tierra
5 La selva tropical del Amazonas
6 El océano Pacífico es

a es la más grande del mundo.
b el más grande del mundo.
c muy planas.
d hay muchísimos volcanes activos.
e altísimas.
f muy secas.

2 Elige las palabras correctas.

Choose the correct words.

1 amenazados

1 En el mundo hay muchos animales salvajes que están **amenazados / amenazada**s.
2 El gato andino y la llama **habitan / habita** en lugares fríos y montañosos.
3 Las jirafas están amenazadas porque los cazadores furtivos las **mata / matan**.
4 En el Océano Pacifico la basura **destruir / destruye** el hábitat de las especies marinas.
5 No hay suficiente alimento en algunos de los **hábitat / hábitats** naturales de muchos animales.
6 Hay varias **especies / animales** salvajes en peligro de extinción.

3 Lee las frases. Escribe V (verdadero) o F (falso).

Read the sentences. Write V (true) or F (false).

1 V

1 Los terremotos y los sunamis son desastres naturales.
2 El anillo de fuego es una zona con muchos huracanes.
3 Las lluvias torrenciales causan muchos derrumbes.
4 Las acciones del hombre destruyen los hábitats de muchos animales.
5 La contaminación es un problema que solo afecta a los humanos.
6 Los animales son responsables por la destrucción de sus hábitats.

4 Habla con tu compañero/a. Describe dos animales salvajes de Suramérica que están amenazados.

Talk to your partner. Describe two wild animals in South America that are endangered.

¿Sabías que el gato andino es una especie amenazada?

No. ¿Por qué?

Está en peligro de extinción porque se destruye su hábitat y los cazadores furtivos los matan.

A practicar

1 Escucha y contesta las preguntas. (1–5)
Listen and answer the questions.

123

1 What is the problem on the beaches of Isla Margarita?
2 What does Aruna say is responsible for the pollution in Mexico City?
3 Why does Judea like living in her small town by the sea?
4 What problems are there where Judea lives?
5 Why don't the llamas living in the Andes in Peru have enough food?
6 What are the problems affecting the Amazon River where Mariano lives?

2 Empareja las preguntas con las respuestas.
Match the questions and answers.

1 c

1 ¿Por qué muchos animales salvajes están amenazados?
2 ¿Por qué las tortugas marinas están amenazadas?
3 ¿Qué se debe hacer para proteger el medioambiente?
4 ¿Por qué no se debe viajar en avión?
5 ¿Por qué hay mucha contaminación en el aire en las ciudades?
6 ¿Por qué se deben plantar más árboles?

a Hay muchas fábricas y muchos carros que contaminan el aire.
b Porque producen oxígeno y son importantes para el medioambiente.
c Por la deforestación, la minería ilegal y los cazadores furtivos.
d Porque hay mucha basura y plástico en los océanos.
e Porque las emisiones de los aviones contaminan el medioambiente.
f Se debe reciclar, ahorrar agua y reducir la contaminación.

3 Imagina que eres el planeta Tierra. Escribe una carta a los seres humanos. Incluye:
Imagine you are Planet Earth. Write a letter to humans. Include:

- problemas para las personas y los animales
- desastres naturales
- explica que se debe y no se debe hacer

4 Trabaja con tu compañero/a. Elige un problema medioambiental y prepara una campaña para convencer a la clase de lo que se debe y no se debe hacer.
Work with your partner. Choose an enviromental problem and prepare a campaign to convince the class of what they should and shouldn't do.

- la destrucción de los hábitats
- las amenazas a los animales en peligro de extinción
- la contaminación
- la basura

Otra vez

A ampliar

1 **Escucha. Lee las frases y escribe V (verdadero) o F (falso).**
124
Listen. Read the sentences and write V (true) or F (false).

1 F

1 El señor piensa que los problemas medioambientales causan más problemas que la actividad humana.
2 Hay demasiados humos contaminantes en la ciudad donde vive la señora.
3 Los dos piensan que todos debemos usar los carros más para ir al trabajo.
4 Los dos van a usar el bus para ir al trabajo y bajarse en la parada de su oficina.
5 El señor va a comprar una botella reutilizable para llevar al trabajo.
6 Hay que reducir el uso del plástico y no comprar tanta agua embotellada.

2 Lee el texto. Contesta las preguntas.
Read the text. Answer the questions.

Adrenalina: Lugares y deportes extremos

¡Hola, todos! Esta es la primera edición de mi blog: el lugar para los fanáticos de la adrenalina. Soy Marisa Díaz y soy una aficionada a los deportes extremos. Mi nueva actividad es surfear en volcanes. Es un deporte emocionante pero peligroso. Por supuesto, en los volcanes activos hay más riesgos que en los volcanes inactivos. Para surfear volcanes debes tener ropa y equipo especial. Es un deporte rápido e intenso; debes estar en muy buena forma para practicarlo. El mes pasado surfeé en el volcán Cerro Negro en Nicaragua. Es un volcán activo y el destino más popular de los que aman este deporte.

La escalada libre es otro deporte extremo que me apasiona. Es una actividad intensa y con muchos riesgos también. Para escalar montañas y rocas solamente con las manos, debes ser muy fuerte y atlético. Cuando escalas solo con las manos también debes ser paciente y tener mucha calma para no tener accidentes. El año pasado, fui a La Mojarra, Colombia, que tiene más de trescientas rutas para escalar. Es un terreno difícil, pero el relieve, las formaciones de las rocas y los paisajes son espectaculares.

Regresa pronto para compartir mi próxima aventura: bucear en cuevas submarinas.

---

1 Who is this webpage directed at?
2 What equipment do you need for volcano boarding?
3 What physical requirements does volcano boarding have?
4 What characteristics are required for free climbing?
5 Why is La Mojarra a good destination for rock climbers?
6 What will be the theme for the next edition of the blog?

3 Escribe por qué es importante cuidar el medioambiente y los animales.
Write about why it is important to take care of the environment and animals.

4 Túrnate en grupo. Comparen sus ideas de la Actividad 3.
Take turns in your group. Compare your ideas from Activity 3.

Talk about landforms

Identify landforms	*Es un volcán.*
Describe landforms	*Es el lago más grande del continente.*
Compare geographical features	*El río Amazonas es más caudaloso que el Nilo.*
Use the superlative to compare	*El Amazonas es el río más largo del continente.*
	La montaña es altísima.
Say where some landforms are located	*La Cordillera de los Andes está en América del Sur.*
Ask if there are specific landforms	*¿Hay un volcán en tu país?*
Say what landforms a region has	*Aquí hay muchas costas y playas.*

Talk about endangered animals

Name and identify endangered animals	*El caimán está amenazado.*
Describe types of animal	*Es un animal terrestre/marino/salvaje.*
Say what animals face extinction	*El oso polar está en peligro de extinción.*
Describe dangers that animals face	*Los cazadores furtivos los matan y se destruye su hábitat.*
Identify regions where animals are endangered	*Las pájaros en la selva tropical están amenazados.*
Ask about habitats	*¿Dónde habita el elefante?*
Say where an animal lives	*Habita en las llanuras de África.*

Talk about environmental issues

Say what problems are affecting the planet	*Hay demasiada contaminación.*
Talk about man-made problems	*Los océanos están llenos de basura.*
Say what I do to protect the environment	*Ahorro agua y no tiro la ropa.*
Say what we should do to help	*Se debe reciclar más y plantar más árboles.*
Say what we should not do	*No se debe desperdiciar la energía.*

Talk about natural disasters

Say what the natural disaster is	*Hay una erupción volcánica en Guatemala.*
Name places where natural disasters occur	*Hay muchos terremotos en México.*

Los accidentes geográficos / Landforms

la catarata	waterfall
el continente	continent
el desierto	desert
la isla	island
el lago	lake
la llanura	plain
el mar	sea
la montaña	mountain
el océano	ocean
el río	river
la selva (amazónica)	(Amazon) rainforest
el volcán (activo)	(active) volcano
abundante	abundant
alto/a	tall
cálido/a	warm
extenso/a	extensive
impresionante	impressive, stunning
largo/a	long
seco/a	dry
silvestre	wild
la flor	flower
el paisaje	landscape, scenery

Los animales salvajes / Wild animals

el caimán	caiman
el elefante	elephant
la jirafa	giraffe
la lagartija	lizard
el mono	monkey
el oso (polar)	bear (polar)
el pájaro	bird
la serpiente	snake
el tigre	tiger
la tortuga	tortoise/turtle
la especie autóctona	indigenous species

Las amenazas a los animales / Dangers to animals

la basura	rubbish
los cazadores furtivos	poachers
la deforestación	deforestation
en peligro de extinción	endangered
la especie amenazada	endangered species
la expansión urbana	urban sprawl
la minería ilegal	illegal mining
No hay suficiente alimento.	There isn't enough food.
Se destruye su hábitat.	We are destroying their habitat.

Los desastres naturales / Natural disasters

el derrumbe	landslide
la erupción volcánica	volcanic eruption
el huracán	hurricane
la inundación	flood
el terremoto	earthquake
la tormenta	storm
la sequía	drought
el sunami	tsunami

Los problemas medioambientales / Environmental issues

el calentamiento global	global warming
los cambios climáticos	climate change
contaminante	polluting
el desastre provocado por el hombre	man-made disaster
el gas de efecto invernadero	greenhouse gas
Hay …	There is/There are …
demasiado tráfico	too much traffic
mucha contaminación	a lot of pollution
mucha basura	a lot of garbage
muchas fábricas	a lot of factories

¿Qué se debe hacer? What should we do?

Se debe …	We should …
ahorrar agua	save water
proteger el medioambiente	protect the environment
reducir la contaminación	reduce pollution
usar transporte público	use public transport
Se deben …	We should …
plantar más árboles	plant more trees
reciclar papel, plástico y vidrio	recycle paper, plastic and glass
No se debe …	We shouldn't …
desperdiciar energía/ la comida	waste energy/food
ir en avión	travel by plane
tirar la ropa	throw away clothes
No se deben …	We shouldn't …
desperdiciar los recursos	waste resources

Prueba 1

125

1 **Escucha. Busca el transporte y el lugar para cada persona. (1–4)**
Listen. Find the transport and place for each person.
1 d, f

2 **Busca y corrige los seis errores.**
Look for and correct the six mistakes.
1 ~~en~~ – de

El invierno pasado fui en vacaciones con mi familia por Argentina. Primero volamos desde Caracas hasta Buenos Aires y después vamos en carro por las montañas. Me encanta viajar en carro porque se puede visita muchas ciudades interesantes. Las vacaciones en invierno son divertido porque a mi hermana y a mí nos gusta esquiar. Visitamos el Monte Aconcagua, que es la montaña más altísima de Sur América. Es realmente emocionante. Saqué muchas fotos para mi álbum.

3 **Habla con tu compañero/a de unas vacaciones pasadas.**
Talk to a friend about a past holiday.

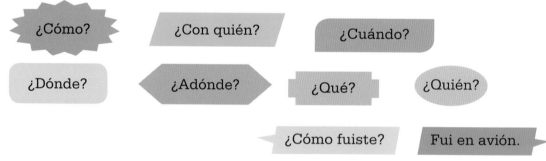

¿Cómo? ¿Con quién? ¿Cuándo?
¿Dónde? ¿Adónde? ¿Qué? ¿Quién?
¿Cómo fuiste? Fui en avión.

4 **Traduce las frases.**
Translate the phrases.
1 Los desiertos son lugares muy secos donde hay pocas plantas.
2 ¿En qué país está el río más largo del continente?
3 Prefiero ir de vacaciones a las montañas porque me encantan los pájaros.
4 El verano pasado visité un volcán activo. Fue muy emocionante.
5 ¿Qué se puede hacer cuando visitas las llanuras?
6 La selva amazónica está llena de flores, plantas y árboles exóticos. Por eso voy a visitarla.

Prueba 2

 1 Escucha. Lee las frases y escribe V (verdadero) o F (falso).
126 *Listen. Read the sentences write V (true) or F (false).*

1 F

1 Pedro prefers to go on holiday to big cities.
2 Alicia spent Christmas and New Year with her family in Caracas.
3 Alicia thinks there isn't a lot to see and do in Caracas.
4 The most interesting thing she visited was a theatre.
5 Pedro enjoyed his time in the capital city of Peru.
6 Machu Picchu is surrounded by valleys and mountains.

2 Escribe sobre los lugares de interés donde vives y qué se puede hacer allí.
Write about places of interest where you live and what you can do there.

zoológico	plaza de toros
monumentos	museo de arte
teatro	museo
catedral	puerto
parque acuático	

3 Lee el texto. Contesta las preguntas.
Read the text and answer the questions.

Las aventuras de Jorge

Todos los años el club ambiental va de excursión a un país diferente durante las vacaciones de verano. Generalmente vamos en tren o en bus. Este año fuimos a explorar el desierto de Atacama. El desierto es muy seco y tiene pocas plantas, pero hay una gran diversidad de animales salvajes. Muchos de estos están amenazados y queremos ayudarlos. Mi trabajo con el club es tomar fotos. Mostramos las fotos para describir los problemas que tienen. La vicuña, la iguana chilena, la chinchilla y la vizcacha son algunas de las especies que pueden vivir en el clima extremo del desierto. Pero el animal que más me gustó y me sorprendió fue la foca peletera. También vimos muchos insectos, reptiles y pájaros El próximo año quiero ir al Perú para ver y tomar fotos del pingüino de Humboldt, la única especie de pingüino en Perú.

la foca peletera

el pingüino de Humboldt

1 Who did Jorge travel with?
2 What did they go to the Atacama Desert to see?
3 What do the club want to do?
4 What do they do with Jorge's photos?
5 What was Jorge most impressed by?
6 What would he like to do next year?

4 Túrnate con tu compañero/a. Vas a ir de vacaciones. Elige un lugar y descríbelas.
Take turns with your partner. You're going on holiday. Choose a place and describe your holiday.

Mis próximas vacaciones quiero ir en avión durante el invierno a Perú. Me gustaría ver el lago Titicaca porque …

Prueba 3

1 Escucha. Escribe las direcciones. (1–5)
Listen. Write the directions.
1 Take the second street on the right. The museum is in front of the cathedral.

2 Usa un mapa de tu pueblo/comunidad. Túrnate con tu compañero/a.
Use a map of your town/community. Take turns with your partner.

> ¿Qué hay cerca de ...?

> ¿Por dónde se va a ...?

> ¿Dónde se encuentra ...?

> ¿Qué hay cerca de tu casa?

> El aeropuerto está cerca de mi casa. El centro comercial más grande de la ciudad está cerca también.

3 Lee las frases. Cambia los verbos al imperativo.
Read the sentences. Change the verbs to the imperative form.
1 saca fotos

1 Debes sacar fotos de todos los paisajes.
2 Usted no puede viajar hoy a Caracas desde Bogotá en avión.
3 Para ir a la catedral de Caracas, debes tomar el bus.
4 ¿Vas al restaurante nuevo? Puedes probar la comida típica de Maracaibo.
5 Si visita Mérida, tiene que escalar el Pico Bolívar porque es espectacular.
6 Tienes que mirar a la izquierda y a la derecha antes de cruzar la calle.

4 Lee el texto. Empareja las frases.
Read the text. Match to make sentences.
1 e

El fin de semana pasado, fui a un festival internacional de comida venezolana con mis padres. Comimos muchísimos platos típicos de muchas regiones. Primero, comí arepas con queso blanco. Me gustó muchísimo este plato. De segundo, me comí un pabellón criollo: es el plato nacional de Venezuela. Lleva arroz blanco, frijoles, carne de res y plátano. Me pareció genial pero demasiado grande. También probé el jugo de piña – pero ¡no me gustó nada! Después de la comida principal, vino el postre. Fue mi parte favorita porque me encanta el azúcar. Me comí la torta de tres leches, el flan de queso y un helado de coco superexquisito. Definitivamente la pasé muy bien con mis padres. El próximo año voy a volver otra vez.
Muchos saludos,
Riad

1 Riad y sus padres
2 En el festival a Riad
3 El primer plato fue
4 El pabellón criollo
5 Riad detestó
6 A Riad le gusta el postre
7 Riad comió
8 Riad quiere

a más que los platos salados.
b es un plato venezolano.
c ir al festival otra vez.
d tres postres.
e fueron al festival de comida.
f riquísimo.
g el jugo de piña.
h le gustó comer platos típicos.

Prueba 4

1 Escucha. Copia y completa el cuadro. (1–4)

128

Listen. Copy and complete the table.

	¿Cuándo?	¿Adónde?	¿Actividades?	¿Problemas?
1	octubre	Cuba		
2				

2 Túrnate con tu compañero/a. Haz una entrevista.

Take turns with your partner. Do an interview.

> ¿Cómo afectan los desastres naturales al planeta?
> ¿Qué acciones humanas afectan al ambiente?
> ¿Por qué hay animales amenazados?
> ¿Qué se debe hacer para cuidar el planeta?

3 Lee el texto. Lee las frases y escribe V (verdadero) o F (falso).

Read the text. Read the sentences and write V (true) or F (false).

1 F

Estudio biología y me interesa mucho la ecología ambiental. Quiero ayudar a cuidar el planeta. Por eso, desde hace tres años voy de vacaciones, cada verano, a lugares donde hay problemas ambientales. Siempre viajo con voluntarios del club de ecología. Limpiamos las playas, ayudamos a los animales amenazados u organizamos eventos para reciclar. Es una buena manera de cuidar nuestro planeta, y al mismo tiempo conocer lugares y personas nuevas. Este año fuimos a Cúcuta, una ciudad colombiana en la frontera con Venezuela. Comimos comida riquísima y visitamos muchos lugares de interés. Mi lugar preferido fue un parque ecológico muy nuevo que está muy cerca del Malecón de Cúcuta. Fue interesantísimo visitar este parque, porque lo hicieron con materiales reciclados y naturales. Lo malo de Cúcuta es que hay tantas tiendas. También hay muchísima basura en las calles y las personas no limpian las zonas verdes.
Lisa

1 Three years ago Lisa went on holiday to somewhere with environment problems.
2 She doesn't get paid for the work she does on holiday.
3 She didn't meet many people.
4 The food in Cúcuta wasn't very good.
5 She liked the park because recycled materials were used there.
6 Lisa thinks that Cúcuta needs to be cleaner.

4 Escribe una carta a un amigo/una amiga sobre las vacaciones.

Write a letter to a friend about a holiday.

- Describe unas vacaciones pasadas en tu país.
- Invítalo/la a visitar tu país el año próximo.

Gramática

Contents

Explanation of grammar terms

Nouns name people or things, e.g. *madre* (mother), *perro* (dog), *carro* (car).

Articles are used with nouns to show if you are referring to something general, e.g. *un* (a/an), *unos* (some), or to something specific, e.g. *el/los* (the).

Adjectives describe nouns, e.g. *pequeño* (small).

Pronouns stand in for nouns, to avoid repetition, e.g. *ella* (she/her).

Verbs talk about actions, e.g. *bailar* (to dance), or about how things are, e.g. *ser* (to be).

Adverbs give more detail about verbs or adjectives, e.g. *lentamente* (slowly), *muy* (very).

Prepositions describe locations and how things relate, e.g. *entre* (between), *de* (of).

Conjunctions link sequences of words to make longer, more interesting sentences, e.g. *porque* (because), *pero* (but).

1 Nouns

Gender

In Spanish, nouns are either masculine or feminine. You need to know a noun's gender as this can affect other words used with it, such as **adjectives** and **articles** (*el, una,* etc.).

There are some basic rules to help you identify the gender of most nouns:

masculine nouns

- most nouns ending in –o *el libro* – the book (but note: *la foto, la mano*)
- nouns for male people   *el niño* – the boy
- most nouns ending –l   *el hotel* – the hotel
- most nouns ending –r   *el hámster* – the hamster
- days of the week   *el lunes* – Monday
- languages   *el español* – Spanish

feminine nouns

- most nouns ending in –a *la casa* – the house (but note: *el mapa, el día*)
- nouns for female people *la niña* – the girl
- nouns ending –ción   *la estación* – the station
- nouns ending –dad   *la ciudad* – the city

Some nouns are used for both masculine and feminine:
el/la estudiante – the student
el/la dentista – the dentist

Forming the plural

There are some basic rules for forming the plural of nouns:

noun ends …		
in a vowel	add –s	*libro – libros*
in a consonant except z	add –es	*profesor – profesores*
in z	z → ces	*lápiz – lápices*
in s	no change	*sacapuntas – sacapuntas*

Note that accents are sometimes added or dropped in the plural. See p. 199 for stress rules.

examen → *exámenes* – the exams

estación → *estaciones* – the stations

2 Articles

Definite article ('the')

	singular	plural
masculine	*el niño* – the boy	*los niños* – the boys
feminine	*la niña* – the girl	*las niñas* – the girls

Note that in Spanish the definite article is usually included with the noun:

*Me gustan **los** gatos.*   I like cats.

When *el* follows the prepositions *a* or *de*, the words merge.

a + el → al   *Vamos **al** cine.*
                   We're going to the cinema.

de + el → del   *Es la oficina **del** presidente.*
                   It's the president's office.

Indefinite article ('an'/'an', 'some')

	singular	plural
masculine	*un niño* – a boy	*unos niños* – some boys
feminine	*una niña* – a girl	*unas niñas* – some girls

Unlike in English, Spanish does not use the indefinite article with jobs and in exclamations:

Es profesor.   He's a teacher.

¡Qué sorpresa!   What a surprise!

3 Pronouns

Subject pronouns

A subject pronoun is used to refer to the person or thing which carries out the action expressed by the verb.

singular		*plural*	
yo	I	*nosotros/as*	we
tú	you (inf sing)	*ustedes*	you (pl)
usted	you (for sing)		
él	he	*ellos*	they (masc)
ella	she	*ellas*	they (fem)

In English, subject pronouns are used all the time, but in Spanish they are only used for emphasis or clarity.

Hablo español.   I speak Spanish.

***Yo** estudio español pero **ella** estudia francés.*
I'm studying Spanish but she's studying French.

Gramática

Direct object pronouns

A direct object pronoun is used to refer to the person or thing affected directly by the action of the verb. It normally comes before the verb.

singular		plural	
me	me	nos	us
te	you (inf sing)	los	they/you (pl) (masculine)
lo	him/it/you (for sing)	las	they/you (pl) (feminine)
la	her/it/you (for sing)		

Te quiero. I love you.

No los toques. Don't touch them.

With imperatives or infinitives, the direct object pronoun can be added to the end of the verb.

¡Ayúdame!	Help me!
Voy a comprarlo.	I'm going to buy it.

Indirect object pronouns

An indirect object pronoun is used to refer to the person or thing that is affected indirectly by the action of the verb. It normally comes before the verb.

singular		plural	
me	(to/for) me	nos	(to/for) us
te	(to/for) you (inf sing)	les	(to/for) you (pl)/ they
le	(to/for) him/her /it/you (for sing)		

With imperatives or infinitives, the indirect object pronoun can be added to the end of the verb.

Cómprales un regalo. Buy them a present.

Voy a escribirle. I'm going to write to him/her.

Emphatic pronouns

Emphatic pronouns are used after prepositions, such as *a, para, en, hacia, de*. These are the same as the subject pronouns apart from the first and second person singular.

singular		plural	
mí	I	nosotros/as	we
ti	you (inf sing)	ustedes	you (pl)
usted	you (for sing)	ellos	they (masc)
él	he	ellas	they (fem)
ella	she		

Este es un regalo para ti.
This is a present for you.

Vamos hacia ellos.   Let's go towards them.

4 Adjectives

Agreement and position

An adjective describes a person or thing, giving details of their appearance, colour, size or other qualities. Adjectives agree with what they are describing. This means that their endings change, depending on whether the person or thing you are referring to is masculine or feminine, singular or plural. Adjectives normally go after the noun that they are describing.

adjectives ending in	singular	
	masculine	feminine
o	honesto	honesta
a/e/i/u	responsable	responsable
consonant	joven	joven
or	hablador	habladora
z	feliz	feliz

adjectives ending in ...	plural	
	masculine	feminine
o	honestos	honestas
a/e/i/u	responsables	responsables
consonant	jóvenes	jóvenes
or	habladores	habladoras
z	felices	felices

Comparative

A comparative adjective is used to compare two things (like *faster, more interesting*).

You use *más or menos* before the adjective and *que* after.

Esta bicicleta es más barata.
This bicycle is cheaper.

La camisa verde es menos cara.
The green shirt is less expensive.

El chico es más alto que la chica.
The boy is taller than the girl.

La madre es menos alta que el padre.
The mother is less tall than the father.

Note the irregular forms:

bueno – mejor (better)
malo – peor (worse)
grande – mayor (bigger)
pequeño – menor (smaller)

Superlative

A superlative adjective is used to compare more than two things (like *fastest, most interesting*).

You use *el/la/los/las* + noun + *más/menos* + adjective.

el perro *más* viejo	the oldest dog
la casa *menos* pequeña	the least small house
los hoteles *más* baratos	the cheapest hotels

Note the irregular forms:
bueno – el mejor (best)
malo – el peor (worst)
grande – el mayor (biggest)
pequeño – el menor (smallest)

Possessive adjectives

A possessive adjective is used to show possession or relationship (like *my book, his brother*). Note when the forms change.

singular	plural	meaning
mi	*mis*	my
tu	*tus*	your (inf sing)
su	*sus*	his/her/your (for sing)
nuestro/a	*nuestros/as*	our
su	*sus*	your (pl)/their

Ana vive con su madre y sus hermanos.
Ana lives with her mother and her brothers.

Demonstrative adjectives

A demonstrative adjective is used to indicate a particular item (like *this, those, etc.*). It agrees with the noun. In Spanish, there are three forms, covering: this, that (close by) and that (over there/further away).

	masculine	feminine
this	*este*	*esta*
these	*estos*	*estas*
that (close)	*ese*	*esa*
those (close)	*esos*	*esas*
that (over there)	*aquel*	*aquella*
those (over there)	*aquellos*	*aquellas*

No me gusta este suéter. Prefiero aquella sudadera.
I don't like this sweater. I prefer that sweatshirt over there.

demasiado, mucho, etc.

Adjectives like *demasiado* and *mucho* are used to refer to general quantities or degree.

singular		plural	
masculine	feminine	masculine	feminine
demasiado	*demasiada*	*demasiados*	*demasiadas*
mucho	*mucha*	*muchos*	*muchas*
poco	*poca*	*pocos*	*pocas*
tanto	*tanta*	*tantos*	*tantas*
todo	*toda*	*todos*	*todas*
algún	*alguna*	*algunos*	*algunas*
otro	*otra*	*otros*	*otras*

No hay muchas tiendas en mi barrio.
There aren't many shops in my neighbourhood.

demasiado, mucho, poco, tanto and *todo* can also be used as adverbs. They do not change form.

Me gustan mucho los perros. I really like dogs.

La casa es demasiado pequeña.
The house is too small.

5 Verbs

A verb gives information about what someone or something does or is, or what happens to them. In Spanish, verb endings change depending on the subject and the tense. A subject pronoun is not generally used as the information is included in the verb ending.

Present tense

The present tense is used to talk about what is true at the time, what is happening now and what happens regularly.

Regular verbs

There are three types of regular verbs: *–ar, –er* and *–ir*.

To form the present tense, you replace the infinitive ending as follows:

	hablar to speak	**comer** to eat	**vivir** to live
(yo)	*hablo*	*como*	*vivo*
(tú)	*hablas*	*comes*	*vives*
(él/ella/usted)	*habla*	*come*	*vive*
(nosotros/as)	*hablamos*	*comemos*	*vivimos*
(ellos/ellas/ustedes)	*hablan*	*comen*	*viven*

Gramática

ser & estar

ser and *estar* are two key verbs in Spanish that both mean 'to be'. It is important to learn which one needs to be used in different situations. Both are irregular.

	ser to be	**estar** to be
(yo)	*soy*	*estoy*
(tú)	*eres*	*estás*
(él/ella/usted)	*es*	*está*
(nosotros/as)	*somos*	*estamos*
(ellos/ellas/ustedes)	*son*	*están*

ser is used

- with permanent characteristics
  *Mi hermano **es** alto.*   My brother is tall.

- to show possession
  *Las botas **son** de Javier.*
  The boots belong to Javier.

- to say where someone is from
  ***Soy** de Cuba.*   I'm from Cuba.

- with time
  ***Son** las tres y media.*   It's half past three.

estar is used

- for location
  *¿Dónde **está** el mercado?*
  Where is the market?

- with an adjective to talk about a temporary condition
  *Las papas **están** frías.*
  The potatoes are cold.

Other key irregular verbs

Some other very useful verbs are also irregular. You need to learn their forms.

	tener to have	**hacer** to make/do	**ir** to go
(yo)	*tengo*	*hago*	*voy*
(tú)	*tienes*	*haces*	*vas*
(él/ella/usted)	*tiene*	*hace*	*va*
(nosotros/as)	*tenemos*	*hacemos*	*vamos*
(ellos/ellas/ustedes)	*tienen*	*hacen*	*van*

Reflexive verbs

Reflexive verbs have the same subject and object. This is shown by the inclusion of a reflexive pronoun, e.g. ***Me** levanto.* ('I get (myself) up.'). The pronoun usually comes before the verb.

In the infinitive form the pronoun is attached to the end of the verb, e.g. *vestirse* (to get washed), *¿Prefieres levantar**te** temprano o tarde?* (Do you prefer to get up early or late?)

Many reflexive verbs are regular and so have the usual endings for their type.

	levantar*se* to get up
(yo)	*me levanto*
(tú)	*te levantas*
(él/ella/usted)	*se levanta*
(nosotros/as)	*nos levantamos*
(ellos/ellas/ustedes)	*se levantan*

Stem-changing verbs

Stem-changing verbs contain a change in the vowel in the main part of the verb (the stem) for all forms except *nosotros/as*. Apart from this, they follow the same rules on endings as other verbs.

	pensar to think e → ie	**dormir** to sleep o → ue
(yo)	*pienso*	*duermo*
(tú)	*piensas*	*duermes*
(él/ella/usted)	*piensa*	*duerme*
(nosotros/as)	*pensamos*	*dormimos*
(ellos/ellas/ustedes)	*piensan*	*duermen*

Other common stem-changing verbs include:

e → ie	**o → ue**
cerrar – to close *perder* – to lose *perderse* – to get lost *preferir* – to prefer *querer* – to want	*acostarse* – to go to bed *dormirse* – to go to sleep *poder* – to be able *recordar* – to remember *volver* – to return
u → ue	**e → i**
jugar – to play	*competir* – to compete

tú & usted

tú and *usted* both mean 'you'.

- **tú** is used for someone you know well or for a child

- **usted** is used for someone you don't know very well or someone older than you

In some Latin American countries, *usted* is used for everyone.
usted uses the same verb form as *él/ella*.

If you are talking to more than one person, use *ustedes*. This uses the same verb form as *ellos/ellas*.

*¿Y tú, Raúl, cómo **celebras**?*
Raul, how do you celebrate?

*¿Y usted, qué **quiere** tomar?*
What would you like to order?

*¿Dónde **van** ustedes, chicas?*
Where are you going, girls?

*¿**Te** levant**as** temprano, Paco?* Do you get up early, Paco?

¿Cómo se llama, señora? What's your name, madam?

¿Tienes tu mochila, Ana? Have you got your backpack, Ana?

¿Tiene su maleta, señor? Have you got your case, sir?

Imperative

The imperative form of the verb is used to give orders and instructions. It has a different form depending on whether:

- the order/instruction is positive or negative
- you are using *tú*, *usted* or *ustedes*

	positive	**negative**
tú	*¡Habla!*	*¡No hables!*
usted	*¡Hable!*	*¡No hable!*
ustedes	*¡Hablen!*	*¡No hablen!*
tú	*¡Come!*	*¡No comas!*
usted	*¡Coma!*	*¡No coma!*
ustedes	*¡Coman!*	*¡No coman!*
tú	*¡Escribe!*	*¡No escribas!*
usted	*¡Escriba!*	*¡No escriba!*
ustedes	*¡Escriban!*	*¡No escriban!*

Some common verbs have irregular imperatives:

	tú	**usted**	**ustedes**
decir say	di no digas	diga no diga	digan no digan
hacer make/do	haz no hagas	haga no haga	hagan no hagan
ir go	ve no vayas	vaya no vaya	vayan no vayan
poner put	pon no pongas	ponga no ponga	pongan no pongan
tener have	ten no tengas	tenga no tenga	tengan no tengan

Near future tense

The near future tense is used to say what is going to happen. It is formed using the present tense of *ir* + *a* + the infinitive. See p. 186 for *ir*.

Voy a comer *una pizza.*
I'm going to eat a pizza.

Vamos a jugar *al tenis.*
We're going to play tennis.

Mis padres **van a salir.**
My parents are going to go out.

Preterite tense

The preterite tense is used to talk about completed actions in the past. Regular verbs add the following endings to the stem.

	hablar to speak	**comer** to eat	**vivir** to live
(yo)	*hablé*	*comí*	*viví*
(tú)	*hablaste*	*comiste*	*viviste*
(él/ella/usted)	*habló*	*comió*	*vivió*
(nosotros/as)	*hablamos*	*comimos*	*vivimos*
(ellos/ellas/ustedes)	*hablaron*	*comieron*	*vivieron*

Some irregular verbs also have irregular preterite forms:

ir to go **ser** to be*	**hacer** to make/do	**poder** to be able
fui	hice	pude
fuiste	hiciste	pudiste
fue	hizo	pudo
fuimos	hicimos	pudimos
fueron	hicieron	pudieron

estar to be	**tener** to have	**ver** to watch
estuve	tuve	vi
estuviste	tuviste	viste
estuvo	tuvo	vio
estuvimos	tuvimos	vimos
estuvieron	tuvieron	vieron

*Note how *ir* and *ser* have the same form in the preterite.

The following verbs are irregular in the preterite, but they still follow certain patterns that can help you learn the different forms.

dar (to give) is the same as *ver*: d**i**, d**iste**, etc.

The *ver* endings are used for these verbs too, but the 1st person in each case does not follow the pattern:

decir (to say): **dije**, **dij**iste, etc.
poner (to put): **puse**, **pus**iste, etc.
querer (to want): **quise**, **quis**iste, etc.
saber (to know): **supe**, **sup**iste, etc.
venir (to come): **vine**, **vin**iste, etc.

Verbal structures

hay, hace (que)

hay comes from the infinitive *haber* (to have) and means 'there is/there are'.

Hay *un libro interesante.*
There is an interesting book.

Hay *unas playas bonitas.*
There are some lovely beaches.

hace comes from the infinitive *hacer* (to make or do) but is also used in time phrases to mean ago.

Gramática

Fue hace tres años.   It was three years ago.

hace que and *desde hace* are used to express how long something has been going on.

Hace dos días que tengo fiebre.
I've had a temperature for two days.

Vivimos en México desde hace dos años.
We've lived in Mexico for two years.

me gusta/me gustan, etc.

gustar is used to express likes and dislikes. The subject of the verb (the person who likes/dislikes) is shown by an indirect object pronoun (*me, te, le*, etc.). The verb agrees with the direct object (the person or thing that is liked).

Me gusta el programa.   I like the programme.

Le gustan los caballos.   He/She likes horses.

me gusta can also be followed by an infinitive. In this case, the verb is always in the singular:

Me gusta comer fruta.   I like to eat fruit.

encantar, doler, interesar are the same. Note how the pronoun changes for different people.

¿Te gusta navegar por Internet?
Do you like to surf the net?

Nos encanta bailar.
We don't like to dance.

Le duele la cabeza.
His/Her head hurts.

Les interesa música.
They're interested in music.

Other verbs followed by the infinitive

deber, poder, querer and *tener que* are all followed by the infinitive.

No debes fumar.   You mustn't smoke.

¿Puedo ir al baño?   Can I go to the bathroom?

Quieren visitar Puerto Rico.
They want to go to Puerto Rico.

Tiene que hacer las tareas.
He has to do his homework.

Impersonal *se*

se is used in impersonal expressions and corresponds to the use of the general 'you' or 'one' in English:

No se puede entrar.   You can't go in.

¿Se permite fumar aquí?
Is smoking allowed here?/Can you smoke here?

6 Negatives

To make a verb negative, add *no* in front of it.

Mi hermana no lee mucho.
My sister doesn't read much.

Other negative words are often used with the verb for emphasis:

Nunca voy al cine.   I never go to the cinema.

Nadie habla con él.   No one speaks to him.

No hay nada interesante aquí.
There's nothing interesting here.

Tampoco quiero azúcar.
I don't want sugar either.

No vinieron ni Carlos ni Ana.
Neither Carlos nor Ana came.

No tiene ningún interés en ir.
She has no interest in going.

7 Adverbs

An adverb gives more information about a verb, an adjective or another adverb.

You can form many adverbs by adding *–mente* to the feminine singular form of the adjective.

Habla muy lentamente.   He speaks very slowly.

Normalmente llego a las nueve.
I normally arrive at nine o'clock.

Hay que hacerlo inmediatamente.
We have to do it immediately.

Some adverbs are irregular:

Habla bien el español. He speaks Spanish well.
Está mal escrito.   It's badly written.

8 Prepositions

Prepositions are used to describe the location of people, objects or places.

delante de	in front of
encima de	on top of
enfrente de	opposite
a la derecha de	to the right of
a la izquierda de	to the left of
al final de	at the end of
al lado de	to the side of

El libro está encima de la mesa.
The book is on top of the table.

La casa está al lado del teatro.
The house is next to the theatre.

When *de* is followed by *el*, the words merge to become *del*.
a and *el* merge to become *al*.

Personal a
When the direct object of a verb is a specific person or pet animal, the preposition *a* is added. This is called 'the personal a'.

Quiero a mi familia. I love my family.
Cuido a mi hermana pequeña. I look after my little sister.

It is <u>not</u> used with the verb *tener*.
Tienen dos hijos. They have two children.

9 Conjunctions

A conjunction is a word that links two words or phrases together, for example 'and', 'but', 'or', 'because', etc.

el carro y la casa   the car <u>and</u> the house

papas fritas o arroz   fries <u>or</u> rice

Me gustaría ir, pero estoy muy cansado.
I'd like to go <u>but</u> I am very tired.

Me gusta porque es interesante.
I like it <u>because</u> it is interesting.

Como llueve, no puedo ir.
<u>As</u> it's raining, I can't go.

Dice que me quiere.   He says <u>that</u> he loves me.

Si estudias, sacas buenas notas.
<u>If</u> you study, you get good grades.

Cuando llueve, llevo un sombrero.
<u>When</u> it rains, I wear a hat.

Prepara el desayuno mientras yo me visto.
Get breakfast ready <u>while</u> I get dressed.

Odio las matemáticas, aunque son útiles
I hate maths <u>even though</u> it's useful.

10 Questions

Questions words, or interrogative pronouns, are used to ask questions and are placed at the beginning of the sentence. Note the accent on all question words.

¿Adónde vas de vacaciones?
<u>Where</u> do you go on holiday? [to where]

¿Cómo te llamas?   <u>What</u> is your name?

¿Cuál quieres?   <u>Which</u> do you want?

¿Cuándo es tu cumpleaños?
<u>When</u> is your birthday?

¿Cuánto cuesta?   <u>How</u> much does it cost?

¿Dónde vives?   <u>Where</u> do you live?

¿Qué te gusta estudiar?
<u>What</u> do you like to study?

¿Quién habla español?   <u>Who</u> speaks Spanish?

In Spanish, you can also turn a statement into a question by adding question marks and using a rising intonation.

Comes chocolate.   You eat chocolate.
¿Comes chocolate?   Do you eat chocolate?

11 Numbers

Cardinal numbers

0 *cero*	11 *once*	21 *veintiuno*
1 *uno/un*	12 *doce*	22 *veintidós*
2 *dos*	13 *trece*	23 *veintitrés*
3 *tres*	14 *catorce*	30 *treinta*
4 *cuatro*	15 *quince*	31 *treinta y uno*
5 *cinco*	16 *dieciséis*	32 *treinta y dos*
6 *seis*	17 *diecisiete*	40 *cuarenta*
7 *siete*	18 *dieciocho*	50 *cincuenta*
8 *ocho*	19 *diecinueve*	60 *sesenta*
9 *nueve*	20 *veinte*	70 *setenta*
10 *diez*		80 *ochenta*
		90 *noventa*

100 *cien*	1000 *mil*
101 *ciento uno*	1001 *mil uno*
	2000 *dos mil*

- **uno:** *un* with masculine nouns and *una* with feminine nouns
- **cien:** *cien* with masculine and feminine nouns; *ciento* with other number combinations, e.g. *ciento cincuenta*.
- **200–900** are as follows: *doscientos, trescientos, cuatrocientos, quinientos, seiscientos, setecientos, ochocientos, novecientos*.
  They change with feminine nouns: *doscientas* (etc.)

Ordinal numbers

1st–10th: *primero (primer)/primera, segundo/a, tercero (tercer)/tercera, cuarto/a, quinto/a, sexto/a, séptimo/a, octavo/a, noveno/a, décimo/a*

Ordinal numbers agree in gender and in number with the noun they precede. *primero* and *tercero* drop the –o before a masculine singular noun.

el primer premio   the first prize

Los primeros invitados llegaron a las ocho.
The first guests arrived at eight.

Use cardinal numbers for dates. The ordinal number should only be used for the first of the month, e.g. *el primero de mayo*.

Vocabulario

A

	a la derecha	on the right
	a la izquierda	on the left
	a pie	on foot
	¿A qué hora …?	What time …?
	a tiempo	on time
	a veces	sometimes
el/la	abogado/a	lawyer
el	abrigo	coat
	abrir	to open
los	abuelos	grandparents
	aburrido/a	boring
el	aceite	oil
	ácido/a	sour
	acostarse	to go to bed
el/la	actor/actriz	actor/actress
	¿Adónde?	(To) Where?
el/la	aficionado/a	fan
	agradable	nice
el	agua (con/sin gas)	(sparkling/still) water
	ahorrar	to save
el	ajo	garlic
	al aire libre	in the open air
	al final	at the end
	al lado de	beside
	algo	something
el	alimento	food
	alojarse	to stay (in a hotel)
	alto/a	tall
	amable	kind
	amargo/a	bitter
	amarillo/a	yellow
	amenazado/a	endangered
	anaranjado	orange
	antes	before
	aprender	to learn
el	árbol	tree
las	arepas	corn cakes
el/la	arquitecto/a	architect
	arreglar	to tidy
el	arroz	rice
las	asignaturas	(school) subjects
las	aspirinas	aspirin
	asqueroso/a	disgusting
	astuto/a	clever
el	avión	plane
	ayudar	help
	azul	blue

B

	bailar	to dance
	bañarse	to shower/have a bath
el	barco	boat
	barrer	to sweep
	bastante	enough, quite

	beber	to drink
el	béisbol	baseball
la	bicicleta	bike
	blanco/a	white
los	bluejeans	jeans
la	blusa	blouse
el	boleto	ticket
el/la	bombero/a	firefighter
	bonito/a	pretty, beautiful
las	botas	boots
la	botella	bottle
el	brazo	arm
el	buen sentido de humor	good sense of humour
	bueno/a	good
el	bus	bus
	buscar	to look for

C

la	cabeza	head
	cada	each
	café	brown
la	caja	box
los	calcetines	socks
el	calentamiento global	global warming
la	cama	bed
los	cambios climáticos	climate change
la	camisa	shirt
la	camiseta	t-shirt
el	camping	campsite
el	campo	the country
la	cancha de tenis	tennis court
	cansado/a	tired
el/la	cantante	singer
la	carne (roja)	(red) meat
la	carnicería	butcher's
el/la	carpintero/a	carpenter
el	carro	car
la	carta	menu
la	casa	house
el	castillo	castle
la	catarata	waterfall
la	catedral	cathedral
los	cazadores furtivos	poachers
la	cebolla	onion
el	centro comercial	shopping centre
el	centro histórico	old part of town
el	cepillo	hairbrush
el	cepillo de dientes	toothbrush
	cerca de	near
	cerrar	to close
la	cerveza	beer
el	champú	shampoo
la	chaqueta	jacket
	charlar	to chat
	chatear	to chat online

	chévere	cool, great
el	cine	cinema
el	cinturón	belt
la	ciudad	city
	claro/a	light (colour)
la	cocina	kitchen
	cocinar	to cook
el/la	cocinero/a	cook, chef
el	colegio	school
	comer	to eat
la	comida	food
la	comida chatarra	junk food
la	comida rápida	fast food
	¿Cómo?	How?
	cómodo/a	comfortable
	comprensivo/a	understanding
	con	with
	con buena presencia	presentable, smart
el	concierto	concert
el	concurso	game show
la	confitería	sweet shop
el	consumo	consumption
la	contaminación	pollution
	contestar	to answer, reply
la	corbata	tie
el	correo	post office
el	correo electrónico	email
	cortar el pasto	to cut the grass
	corto/a	short
la	costa	coast
la	crema dental	toothpaste
	Creo que ...	I believe that ...
	¿Cuál?	Which?/What?
	¿Cuándo?	When?
el	cuello	neck
el	cuerpo	body
	cuesta(n)	it costs/they cost
	cuidar a	look after
el	cumpleaños	birthday
la	curita	plaster, bandaid

D

	dar de comer a ...	to feed ...
	de vez en cuando	every now and then
	Debes/Debe ...	You must ...
los	dedos	fingers
los	dedos del pie	toes
	demasiado/a	too much
	Deme ...	Give me ...
el/la	dentista	dentist
el	deporte	sport
	deportista	sporty
el	derrumbe	landslide
	descansar	to rest
el	desierto	desert
	desperdiciar	to waste
	despertarse	to wake up
	después	after
	destruir	to destroy
	dibujar	to draw
el	dibujo animado	cartoon
los	dientes	teeth
	diestro/a	skilful

	Disculpe	Excuse me
el/la	diseñador(a)	designer
	divertido/a	fun
el	documental	documentary
	doler	to hurt
el	domingo	Sunday
	¿Dónde?	Where?
	dormir	to sleep
	ducharse	to shower
me	duele(n) ...	my ... hurts/hurt
	dulce	sweet
los	dulces	sweets

E

	emocionante	exciting
el	empleado/a	employee
	en buena forma	in good shape
	en casa	at home
	¿En qué puedo?	How can I help you?
me	encanta(n)	I love
el/la	enfermero/a	nurse
	enfermo/a	ill
	enfrente	opposite
la	ensalada	salad
	enseñar	teach
	entonces	then, so
la	entrada	ticket
	entre ... y ...	between ... and ...
la	entrevista	interview
el	equipo	equipment/team
	escribir	to write
la	espalda	back
la	especie	species
el	esquince (de tobillo)	sprained (ankle)
la	estación	season, station
el	estacionamiento	car park
	Estados Unidos	the United States
	estar	to be
el	estómago	stomach
	Estoy resfriado/a.	I've got a cold.
	estrecho/a	narrow
	estresado/a	stressed
	estudiar	to study
	exigente	demanding
el	extranjero	abroad

F

la	fábrica	factory
la	falda	skirt
me	falta/faltan	I'm missing/I need
la	farmacia	pharmacy
me	fascina(n)	I'm fascinated by/I love
	feo/a	ugly
la	fiebre	temperature
la	fiesta	party
el	fin de semana	weekend
la	flor	flower
	fresco/a	fresh
la	fruta (de la temporada)	(seasonal) fruit
	fumar	to smoke
el	fútbol	football
el/la	futbolista	footballer

Vocabulario: español–inglés

G

las	gafas de sol	sunglasses
la	galleta	biscuit
	ganar	to earn, win
la	garganta	throat
el	gel de ducha	shower gel
	genial	great, brilliant
	girar	to turn
la	gorra	cap
las	gotas	drops
	gracioso/a	funny
	grande	big
el/la	granjero/a	farmer
la	gripe	flu
	gris	grey
los	guantes	gloves
me	gusta(n)	I like
me	gustaría	I'd like

H

	hábil	skilful
	hablador(a)	talkative
	Hace buen tiempo.	It's good weather.
	Hace calor.	It's hot.
	¿Hace cuánto que …?	How long …?
	Hace fresco.	It's cool.
	Hace frío.	It's cold.
	Hace mal tiempo.	It's bad weather.
	Hace viento.	It's windy.
	hacer	to do/make
	hacer ejercicio	to exercise
	hacer los quehaceres	to do housework
	hacer surf	to surf
	hacer de niñero/a	to babysit
	Hay …	There's …
	Hay niebla.	It's foggy.
	Hay tormenta.	There's a storm.
	Hay un huracán.	There's a hurricane.
el	helado	ice cream
el/la	hermano/a	brother/sister
	hinchado/a	swollen
el/la	hombre/mujer de negocios	businessman/woman
el	hombro	shoulder
el	horario	timetable
el	huevo	egg

I

el	idioma	language
la	iglesia	church
	impresionante	impressive, stunning
	incómodo/a	uncomfortable
	infantil	for kids/childish
el/la	ingeniero/a	engineer
	ingenioso/a	clever, ingenious
	insípido/a	tasteless, bland
la	insolación	sunstroke
la	inundación	flood
el	invierno	winter
	ir	to go
	ir de paseo	to go for a walk
	ir en bicicleta	to cycle
la	isla	island

J

el	jabón	bar of soap
el	jarabe para la tos	cough syrup
el/la	jefe/jefa	boss
las	joyas	jewellery
	jueves	Thursday
el	jugador	player
	jugar juegos de mesa	to play board games
	jugar a las cartas	to play cards
	jugar videojuegos	to play videogames
la	juguetería	toy shop
	junto/a	together

L

la	lagartija	lizard
el	lago	lake
	largo/a	long
la	lata de	tin of
	lavarse los dientes	to brush your teeth
	lavar el carro	to wash the car
la	leche	milk
	leer	to read
	lejos de	far
	levantarse	to get up
la	librería	bookshop
el	libro	book
	limpiar	to clean
	listo/a	clever
	llamar	to call
la	llanura	plain
	lleno/a (de)	full (of)
	llevar	to wear
	Llueve.	It's raining.
	luego	then, so
	lunes	Monday

M

la	madre	mother
la	maleta	suitcase
	malo/a	bad
la	mañana	morning
	mandar un correo electrónico	to email/send an email
	mandón/mandona	bossy
	manejar	to drive
la	mano	hand
la	mantequilla	butter
la	manzana	apple
el	mar	sea
	mareado/a	dizzy
	martes	Tuesday
	matar	to kill
el/la	mecánico/a	mechanic
	mediano/a	medium
el/la	médico/a	doctor
el	medioambiente	environment
el/la	mejor amigo/a	best friend
el	mercado	market
el/la	mesero/a	waiter/waitress
la	mezquita	mosque
	miércoles	Wednesday
	mirar la televisión	to watch TV
la	misa	mass

el/la	mismo	same
el	mono	monkey
las	montañas	the mountains
	montar en bicicleta	to cycle
	morado/a	purple
la	moto	motorbike
	mover	to move
la	muñeca	wrist
el	museo	museum
el	muslo	thigh

N

	nada	nothing, not at all
	nadar	to swim
	navegar en Internet	to surf the internet
la	Navidad	Christmas
	necesitar	to need
	negro/a	black
	Nieva.	It's snowing.
	No aguanto …	I can't stand …
la	noche	evening/night
el	noticiero	the news
el/la	novio/a	boyfriend/girlfriend
	nuevo/a	new
el	número	size (shoes)
	nunca	never
	nutritivo/a	nutritious

O

	ocupado/a	busy
	odio	I hate
la	oficina	office
la	oficina de turismo	the tourist office
los	oídos	ears
los	ojos	eyes
las	orejas	ears
	oscuro	dark (colour)
el	otoño	autumn

P

el	padre	father
la	paga	pay
el	paisaje	landscape, scenery
el	pájaro	bird
el	pan	bread
la	panadería	baker's
el	pantalón	trousers
las	papas	potatoes
las	papas fritas	chips/crisps
el	papel	paper
la	papelería	stationer's
el	paquete	packet
	para	for
me	parece	I think
el	parque	park
el	parque acuático	water park
el	partido	match
	pasar	to go past
	pasar la aspiradora	to vacuum
el	pasatiempo	pastime
	pasarla bien/mal	to have a good/bad time
	pasear al perro	to walk the dog
la	pastelería	cake shop
las	pastillas	tablets

el	pecho	chest
la	película de acción	action film
la	película de aventura	adventure film
la	película de ciencia ficción	science fiction film
la	película cómica	comedy film
la	película policiaca	police/crime film
la	película romántica	romatic film
la	película de terror	horror film
el/la	peluquero/a	hairdresser
	pequeño/a	small
	¿Pequeño o grande?	Small or large?
el	perfume	perfume
la	perfumería	perfume shop
el	pescado	fish
la	picadura (de mosquito)	(mosquito) bite
	picante	spicy
el	pie	foot
	Pienso que …	I think that …
la	pierna	leg
el/la	piloto	pilot
	pintar	to paint
la	piscina al aire libre	outdoor pool
el	piso bajo	the ground floor
	planchar	to iron
la	playa	beach
la	plaza	square
	poder	to be able
el	pollo (asado/frito)	(roast/fried) chicken
	poner la mesa	to lay the table
	ponerse	to put on
	por	for
	por favor	please
	por lo menos	at least
	¿Por qué?	Why?
	porque	because
el	portarretrato(s)	photo frame
el	postre	dessert
	practicar	to do (sports)
	preferir	to prefer
la	primavera	spring
	primer(o/a)	first
el	primer plato	starter
	probar	to try on
el/la	profesor/a	teacher
el	programa de deportes	sports programme
el	programa de música	music programme
el/la	programador(a)	programmer
los	programas de televisión	TV programmes
el	protector solar	suncream
	proteger	to protect
el	puerto	port
el	pulgar	thumb

Q

	quederse en cama	to stay in bed
los	quehaceres	chores
	querer	to want
el	queso	cheese
	¿Quién?	Who?
	quisiera	I would like

Vocabulario: español–inglés

	quitar la mesa	to clear the table
	quitar el polvo	to dust

R

	rápido/a	fast
el/la	recepcionista	receptionist
la	receta	prescription
	recibir	to receive
	reciclar	to recycle
	recomendar	to recommend
los	recuerdos	souvenirs
el	recurso	resource
las	redes sociales	social media
	reducir	to reduce
	refrescante	refreshing
el	regalo	present
	regresar a casa	to go home
	reír	to laugh
el	reloj	watch
	repartir	to deliver
el	reporte de clima	the weather
	respirar	to breathe
	responder a	to reply to
la	revista	magazine
	rico/a	delicious, tasty
el	río	river
la	rodilla	knee
	rojo/a	red
la	ropa	clothes
	rosado/a	pink
	roto/a	broken

S

el	sábado	Saturday
	sabroso/a	tasty
	sacar fotos	to take photos
	sacar la basura	to take out the rubbish
	salir	to go out
	saludable	healthy
	sano/a	healthy
el	segundo plato	main course
	segundo/a	second
la	selva (amazónica)	(Amazon) rainforest
el	semáforo	traffic lights
	sensible	sensitive
	sentirse	to feel
la	sequía	drought
	ser	to be
	ser bueno/a en …	to be good at …
la	serie	series
la	serpiente	snake
	servir a los clientes	serve customers
	siempre	always
	simpático/a	nice
la	soda	soft drink
el	sombrero	hat
la	sudadera	sweatshirt
la	sudadera con capucha	hoody
el	suéter	sweater
el	supermercado	supermarket

T

la	talla	size (clothes)
la	tarde	afternoon/evening

la/las	tarea(s)	homework
las	tarjetas	cards
la	taza	mug
la	telenovela	soap opera
el	templo	temple
la	temporada de lluvias	the rainy season
la	temporada seca	the dry season
	tener	to have
	tener buenas notas	to get good grades
	tener calor	to be hot
	tener frío	to be cold
	tener hambre	to be hungry
	tener que	to have to
	tener sed	to be thirsty
el/los	tenis	trainers
	tercer(o/a)	third
el	terremoto	earthquake
la	tienda	shop
la	tienda de comestibles	grocer's
la	tienda de ropa	clothes shop
	tirar	to throw away
el	tobillo	ankle
	tocar	to play (instrument)
	todos los días	every day
	tomar el desayuno	to have breakfast
	tomar el sol	to sunbathe
	tomarse un año libre	to take a gap year
	tonto/a	silly
la	torta	cake
la	tortuga	tortoise/turtle
la	tos	cough
	trabajador(a)	hard working
	trabajar	to work
el	trabajo	job
el	traje	suit
	tranquilo/a	calm
el	tren	train
el/la	turista	tourist

U

	unirme a	to join
la	universidad	university

V

las	vacaciones	holiday
el/la	vendedor(a)	shop assistant
	ver la televisión	to watch TV
el	verano	summer
	verde	green
las	verduras	vegetables
el	vestido	dress
	viajar	to travel
el	viernes	Friday
el	vino (blanco/tinto)	(white/red) wine
el	voleibol	volleyball
el/la	voluntario/a	volunteer
	voy (ir)	I go

Y

	y	and, past (time)
	yo	I

Z

la	zapatería	shoe shop
los	zapatos	shoes

Vocabulario: inglés–español

A

	abroad	el	extranjero
	action film	la	película de acción
	active		activo/a
	actor/actress	el/la	actor/actriz
	adventure film	la	película de aventura
	after		después
	afternoon/evening	la	tarde
	always		siempre
	and, past (time)		y
	apple	la	manzana
	arm	el	brazo
	autumn	el	otoño

B

to	babysit		hacer de niñero/a
	back	la	espalda
	bad		malo/a
It's	bad weather.		Hace mal tiempo.
to	be		estar, ser
to	be able		poder
to	be cold		tener frío
to	be good at …		ser bueno/a en …
to	be hot		tener calor
to	be hungry		tener hambre
to	be thirsty		tener sed
	beach	la	playa
	because		porque
	bed	la	cama
	before		antes
	belt	el	cinturón
	beside		al lado de
	between		entre … y …
	big		grande
	bike	la	bicicleta
	birthday	el	cumpleaños
	biscuit	la	galleta
	black		negro/a
	blouse	la	blusa
	blue		azul
	boat	el	barco
	book	el	libro
	bookshop	la	librería
	boots	las	botas
	boring		aburrido/a
	bottle	la	botella
	box	la	caja
	bread	el	pan
	broken		roto/a
	brother/sister	el/la	hermano/a
	brown		café
to	brush your teeth		lavarse los dientes
	busy		ocupado/a

C

	cake	la	torta
to	call		llamar
	campsite	el	camping
I	can't stand		No aguanto …
	cap	la	gorra
	car	el	carro
	car park	el	estacionamiento

	cards	las	tarjetas
	cartoon	el	dibujo animado
	castle	el	castillo
to	chat		charlar
to	chat online		chatear
	cheese	el	queso
	chicken	el	pollo
	chips/crisps	las	papas fritas
	chocolate	el	chocolate
	chores	los	quehaceres
	cinema	el	cine
	city	la	ciudad
to	clean		limpiar
	clever		astuto/a, listo/a
to	close		cerrar
	clothes shop	la	tienda de ropa
	coat	el	abrigo
It's	cold.		Hace frío.
	comedy film	la	película cómica
	comfortable		cómodo/a
	concert	el	concierto
to	cook		cocinar
	cook, chef	el/la	cocinero/a
	cool, great		chévere
It's	cool.		Hace fresco.
it	costs/they cost		cuesta(n)
the	countryside	el	campo
	cream	la	crema
to	cycle		ir/montar en bicicleta

D

to	dance		bailar
	delicious, tasty		delicioso/a, rico/a
	desert	el	desierto
	designer	el/la	diseñador(a)
	dessert	el	postre
to	destroy		destruir
	disgusting		asqueroso/a
	dizzy		mareado/a
to	do/make		hacer
to	do (sports)		practicar
	doctor	el/la	médico/a
	documentary	el	documental
to	draw		dibujar
	dress	el	vestido
to	drink		beber
to	drive		manejar
the	dry season	la	temporada seca

E

	each		cada
to	earn, win		ganar
	ears	los/las	oídos/orejas
to	eat		comer
	egg	el	huevo
	email	el	correo electrónico
	endangered		amenazado/a, en peligro de extinción
	enough, quite		bastante
	environment	el	medioambiente
	equipment/team	el	equipo
	evening/night	la	noche

Vocabulario: inglés–español

	every day		todos los días
	every now and then		de vez en cuando
	exciting		emocionante
	Excuse me		Disculpe
to	exercise		hacer ejercicio
	eyes	los	ojos

F

	family	la	familia
	fan	el/la	aficionado/a
	far		lejos de
	fast		rápido/a
	fast food	la	comida rápida
	father	el	padre
	favourite		favorito/a
to	feel		sentirse
	fingers	los	dedos
	flower	la	flor
	flu	la	gripe
It's	foggy.		Hay niebla.
	food	la	comida
	foot	el	pie
	football	el	fútbol
	football (ball)	el	balón
	football shirt	la	camiseta de fútbol
	for		para, por
	fresh		fresco/a
	Friday	el	viernes
	fun		divertido/a
	funny		gracioso/a

G

	game show	el	concurso
to	get good grades		tener buenas notas
to	get up		levantarse
to	go		ir
to	go for a walk		ir de paseo
to	go home		regresar a casa
to	go out		salir
to	go past		pasar
to	go to bed		acostarse
	good		bueno/a
	good sense of humour	el	buen sentido de humor
It's	good weather		Hace buen tiempo.
	grandparents	los	abuelos
	great, brilliant		genial
	green		verde
	grey		gris
	guitar	la	guitarra

H

	hairbrush	el	cepillo
	hand	la	mano
	hard working		trabajador(a)
	hat	el	sombrero
I	hate		odio
to	have		tener
to	have a cold		estar resfriado
to	have to		tener que
	head	la	cabeza
	healthy		saludable, sano/a
to	help		ayudar

	holiday	las	vacaciones
	homework	la/las	tarea(s)
	horror film	la	película de terror
It's	hot.		Hace calor.
	house	la	casa
	How much is it/are they?		¿Cuánto cuesta(n)?
	How?		¿Cómo?
	hurricane		huracán
my …	hurts/hurt	me	duele(n) …

I

	I		yo
	ice cream	el	helado
	ill		enfermo/a
	intelligent		inteligente
	interesting		interesante
	island	la	isla

J

	jacket	la	chaqueta
	jeans	los	bluejeans
	job	el	trabajo
to	join		unirme a
	junk food	la	comida chatarra

K

	kind		amable
	kitchen	la	cocina

L

	lake	el	lago
	language	el	idioma
to	learn		aprender
on the	left	a la	izquierda
	leg	la	pierna
I	like	me	gusta(n)
I'd	like	me	gustaría
	lizard	la	lagartija
	long		largo/a
	look after		cuidar a
to	look for		buscar
I	love	me	encanta(n)

M

to	make/do		hacer
	market	el	mercado
	match	el	partido
	meat (red)	la	carne (roja)
	medium		mediano/a
	menu	la	carta
	milk	la	leche
I'm	missing/I need	me	falta/faltan
	Monday		lunes
	monument	el	monumento
	morning	la	mañana
	mother	la	madre
	motorbike	la	moto
	mountain	la	montaña
	museum	el	museo
	music programme	el	programa de música

N

	near		cerca de
to	need		necesitar
	never		nunca
	new		nuevo/a
the	news	el	noticiero
	nice		simpático/a
	nutritious		nutritivo/a

O

	office	la	oficina
	oil	el	aceite
to	open		abrir
	opposite		enfrente
	orange		anaranjado

P

to	paint		pintar
	park	el	parque
	party	la	fiesta
	pharmacy	la	farmacia
	photo frame	el	portarretrato(s)
	pink		rosado/a
	plane	el	avión
to	plant		plantar
	plaster, bandaid	la	curita
to	play (instrument)		tocar
to	play board games		jugar juegos de mesa
to	play cards		jugar a las cartas
to	play videogames		jugar videojuegos
	police/crime film	la	película policiaca
	pollution	la	contaminación
	port	el	puerto
	post office	el	correo
	potatoes	las	papas
to	prefer		preferir
	prescription	la	receta
	present	el	regalo
	pretty, beautiful		bonito/a
to	protect		proteger
	purple		morado/a
to	put on		ponerse

R

	rainforest	la	selva
It's	raining		Llueve.
the	rainy season	la	temporada de lluvias
to	read		leer
to	receive		recibir
to	recycle		reciclar
	red		rojo/a
	refreshing		refrescante
to	reply to		responder a
to	rest		descansar
	rice	el	arroz
on the	right	a la	derecha
	river	el	río
	romantic film	la	película romántica

S

	salad	la	ensalada
	salt	la	sal
	same	el/la	mismo
	Saturday	el	sábado
to	save		ahorrar
	school	el	colegio
	science fiction film	la	película de ciencia ficción
	sea	el	mar
	send		mandar
	series	la	serie
	shampoo	el	champú
	shirt	la	camisa
	shoe shop	la	zapatería
	shoes	los	zapatos
	shop	la	tienda
	shop assistant	el/la	vendedor(a)
	shopping centre	el	centro comercial
	short		corto/a
	shorts	los	shorts
we	should		se debe(n)
to	shower		ducharse
	silly		tonto/a
	size (clothes)	la	talla
	size (shoes)	el	número
	skirt	la	falda
to	sleep		dormir
	small		pequeño/a
	soap opera	la	telenovela
	social media	las	redes sociales
	socks	los	calcetines
	soft drink	la	soda
	sometimes		a veces
	souvenirs	los	recuerdos
	special effects	los	efectos especiales
	spicy		picante
	sport	el	deporte
	sports programme	el	programa de deportes
	sporty		deportista
	spring	la	primavera
	square	la	plaza
	station	la	estación
to	stay (in a hotel)		alojarse
to	stay in bed		quederse en cama
	stomach	el	estómago
	storm		tormenta
to	study		estudiar
	(school) subjects	las	asignaturas
	suitcase	la	maleta
	summer	el	verano
to	sunbathe		tomar el sol
	suncream	el	protector solar
	Sunday	el	domingo
	sunglasses	las	gafas de sol
	sunstroke	la	insolación
	supermarket	el	supermercado
to	surf		hacer surf
to	surf the internet		navegar en Internet
	sweater	el	suéter
	sweatshirt	la	sudadera
	sweet		dulce
	sweet shop	la	confitería
	sweets	los	dulces

Vocabulario: inglés–español

to	swim		nadar

T

to	take a gap year		tomarse un año libre
to	take photos		sacar fotos
	talkative		hablador(a)
	tall		alto/a
	tasteless, bland		insípido/a
	tasty		sabroso/a
	teacher	el/la	profesor/a
	teeth	los	dientes
	temperature	la	fiebre
	then, so		entonces, luego
	There's …		Hay …
I	think that…		Pienso que …
	throat	la	garganta
	Thursday		jueves
	ticket	el	boleto, la entrada
to	tidy		arreglar
	tie	la	corbata
	timetable	el	horario
	tired		cansado/a
	toes	los	dedos del pie
	together		junto/a
	tomatoes	los	tomates
	too much		demasiado/a
	toothbrush	el	cepillo de dientes
	toothpaste	la	crema dental
the	tourist office	la	oficina de turismo
	train	el	tren
	trainers	el/los	tenis
to	travel		viajar
	tree	el	árbol
	trousers	el	pantalón
to	try on		probar
	t-shirt	la	camiseta
	Tuesday		martes
to	turn		girar

U

	ugly		feo/a
	uncomfortable		incómodo/a
	university	la	universidad
to	use		usar

V

	vegetables	las	verduras

W

	waiter/waitress	el/la	mesero/a
to	wake up		despertarse
to	walk the dog		pasear al perro
to	want		querer
to	wash		lavar, lavarse
	watch	el	reloj
to	watch		ver
	water	el	agua
	water park	el	parque acuático
to	wear		llevar
	Wednesday		miércoles
	weekend	el	fin de semana
	What time …?		¿A qué hora …?
	When?		¿Cuándo?

(To)	Where?		¿Adónde?
	Where?		¿Dónde?
	Which?/What?		¿Cuál?
	white		blanco/a
	Who?		¿Quién?
	Why?		¿Por qué?
It's	windy.		Hace viento.
	winter	el	invierno
	with		con
to	work		trabajar
to	write		escribir

Y

	yellow		amarillo/a

How to pronounce Spanish

Pronunciación

Most words in Spanish are pronounced as they are written. Listen and use the following chart to help you acquire the correct pronunciation for Spanish sounds.

Spanish letter	Pronunciation guide (UK English)	Example
a	like *a* in *apple*	*azul*
b	like *b* in *big*	*balón*
c + a/o/u/ consonant	like *c* in *car*	*casa, como, clase*
c + e/i	like *s* in *send*	*cero, cinco*
ch	like *ch* in *chocolate*	*chocolate*
d	like *d* in *do*	*dos*
e	like *e* in *pen*	*el*
f	like *f* in *fit*	*falda*
g + a/o/u/ consonant	like *g* in *goal*	*gato, gorra, gustar, grande*
g + e/i	like *ch* in *loch*	*gente, gimnasio*
h	silent	*hola*
i	a short sound between *i* in *sin* and *ee* in *seen*	*ir*
j	like *ch* in *loch*	*joven*
k	like *c* in *car*	*kilo*
l	like *l* in *let*	*leche*
ll	like *y* in *yes*	*llamar*
m	like *m* in *map*	*madre*
n	like *n* in *net*	*negro*
ñ	like *ny* in *canyon*	*mañana*
o	like *o* in *hot*	*ojo*
p	like *p* in *pen*	*perro*
qu	like *c* in *car*	*queso*
r	rolled	*río*
s + vowel/ p/t/c	like *s* in *sit*	*sopa, español*
s + other letters	like *s* in *rose*	*mismo*
t	like *t* in *ten*	*tres*
u	like *oo* in *pool*, but shorter	*una*
v	like *b* in *big*	*verde*
w	like *w* in *wet*	*web*
x	like *x* in *taxi*	*taxi*
y	like *y* in *yet**	*yo*
z	like *s* in *send*	*zapatos*

*But note the exceptions *y* and *hay* (pronounced as Spanish *i*).

El alfabeto

a	a	j	jota	r	erre		
b	be	k	ka	s	ese		
c	ce	l	ele	t	te		
d	de	m	eme	u	u		
e	e	n	ene	v	be		
f	efe	ñ	eñe	w	doble be		
g	ge	o	o	x	equis		
h	hache	p	pe	y	i griega		
i	i	q	cu	z	zeta		

Stress

Words ending in a vowel (a, e, i, o, u), n or s
The stress is on the **penultimate syllable** (second from last): *casa, diferente, viven, hablamos.*

Words ending in consonant other than n or s
The stress is on the **last syllable**: *ciudad, correr, arroz.*

Accents tell you where the stress falls in words that don't follow the rules above.

- Ends in a vowel/n/s + stress on last syllable, e.g *hablarás, iré, salón.*
- Ends in a consonant other than n/s + stress on penultimate syllable, e.g. *fácil, sándwich, azúcar.*
- Stress on the third from last syllable, e.g. *matemáticas, física, bolígrafo.*

Acknowledgements

The publishers wish to thank the following for permission to reproduce photographs. Every effort has been made to trace copyright holders and to obtain their permission for the use of copyright materials. The publishers will gladly receive any information enabling them to rectify any error or omission at the first opportunity. (t = top, c = centre, b = bottom, l = left, r = right)

p.6tl Chrispictures/Shutterstock; p.6tc Ondrej Prosicky/Shutterstock; p.6tr Dani3315/Shutterstock; p.6cl Marc Venema/Shutterstock; p.6c WitR/Shutterstock; p.6cr Mike Workman/Shutterstock; p.6bl Lesinka372/Shutterstock; p.6bc MindStorm/Shutterstock; p.6br Salim October/Shutterstock; p.7t Edgloris Marys/Shutterstock; p.7c Theteamtall/Shutterstock; p.7b Oleg Elkov/Shutterstock; p.8t Wavebreakmedia/Shutterstock; p.8c Daniel M Ernst/Shutterstock; p.8b Dragon Images/Shutterstock; p.9t J_K/Shutterstock; p.9b Rob Marmion/Shutterstock; p.10tl Basyn/Shutterstock; p.10tc Bairachnyi Dmitry/Shutterstock; p.10tr AVAVA/Shutterstock; p.10bl I_am_zews/Shutterstock; p.10bc Iakov Filimonov/Shutterstock; p.10br Wavebreakmedia/Shutterstock; p.11 Monkey Business Images/Shutterstock; p.12.1 Pichi/Shutterstock; p.12.2 Kamira/Shutterstock; p.12.3 Tateyama/Shutterstock; p.12.4 Byron Ortiz/Shutterstock; p.12.5 Andres Virviescas/Shutterstock; p.12.6 DGLimages/Shutterstock; p.14t Michaeljung/Shutterstock; p.14ct Iakov Filimonov/Shutterstock; p.14cb Sirtravelalot/Shutterstock; p.14b ChameleonsEye/ Shutterstock; p.16t John Wollwerth/Shutterstock; p.16b Abriendomundo/Shutterstock; p.17t 2xSamara.com/Shutterstock; p.17bl Chris Howey/Shutterstock; p.17br Tyler Olson/Shutterstock; p.18tl Fizkes/Shutterstock; p.18tc Syda Productions/Shutterstock; p.18tr Aleksandar Todorovic/Shutterstock; p.18bl Monkey Business Images/Shutterstock; p.18bc Michaeljung/Shutterstock; p.18br Wavebreakmedia/Shutterstock; p.19tl hanohikirf/Alamy Stock Photo; p.19tc Gemenacom/Shutterstock; p.19tr Gail Johnson/Shutterstock; p.19cl Quang Ho/Shutterstock; p.19cr Trin Tra/Shutterstock; p.19bl LightField Studios/Shutterstock; p.19bcl Lopolo/Shutterstock; p.19bcr Metamorworks/Shutterstock; p.19br Syda Productions/Shutterstock; p.20l Mamanamsai/Shutterstock; p.20r ProStockStudio/Shutterstock; p.21b Spotmatik Ltd/Shutterstock; p.24t Gorodenkoff/Shutterstock; p.26tl Monkey Business Images/Shutterstock; p.26tc Samuel Borges Photography/Shutterstock; p.26tr Rob Marmion/Shutterstock; p.26bl Monkey Business Images/Shutterstock; p.26bc Zdenka Darula/Shutterstock; p.26br CREATISTA/Shutterstock; p.27tl Nicoleta Ionescu/Shutterstock; p.27tr George Rudy/Shutterstock; p.27cl Wavebreakmedia/Shutterstock; p.27cr Monkey Business Images/Shutterstock; p.27b Pikselstock/Shutterstock; p.29 Songquan Deng/Shutterstock; p.30 Khoroshunova Olga/Shutterstock; p.31 Science photo/Shutterstock; p.34tl Asier Romero/Shutterstock; p.34tr Paul Hakimata Photography/Shutterstock; p.34bl Stuart Monk/Shutterstock; p.34br Aastock/Shutterstock; p.39l Csaba Deli/Shutterstock; p.39cl Chadsikan Tawanthaisong/Shutterstock; p.39c 9nong/Shutterstock; p.39cr Maridav/Shutterstock; p.39r 9nong/Shutterstock; p.40b GoodStudio/Shutterstock; p.41l Baranq/Shutterstock; p.41cl HQuality/Shutterstock; p.41c S_L/Shutterstock; p.41cr XiXinXing/Shutterstock; p.41r OSTILL is Franck Camhi/ Shutterstock; p.44tl Radu Razvan/Shutterstock; p.44tc Syda Productions/Shutterstock; p.44tr Picsfive/Shutterstock; p.44cl Dhurley/Shutterstock; p.44cc Jarva Jar/Shutterstock; p.44cr Alexander Khoruzhenko/Shutterstock; p.44bl Sayu/Shutterstock; p.44bcl Kastoluza/Shutterstock; p.44bcr Nawamin/Shutterstock; p.44br Sayu/Shutterstock; p.48 GoodStudio/Shutterstock; p.49tl Juergen Faelchle/Shutterstock; p.49tr Siam.pukkato/Shutterstock; p.49bl Jarva Jar/Shutterstock; p.49br Ljupco Smokovski/Shutterstock; p.50 Jakkarin chuenaka/Shutterstock; p.51t EFECREATEA.COM/Shutterstock; p.51b Evgeniya Pushai/Shutterstock; p.52tl Lunamarina/Shutterstock; p.52tcl KIRAYONAK YULIYA/Shutterstock; p.52tcr Monkey Business Images/Shutterstock; p.52tr Monkey Business Images/Shutterstock; p.52b Irina Strelnikova/Shutterstock; p.53 Jaren Jai Wicklund/Shutterstock; p.56t Maridav/Shutterstock; p.56b Michaeljung/Shutterstock; p.58t David Vilaplana/Alamy Stock Photo; p.58c Lukasz Janyst/Shutterstock; p.59 Zeljko Radojko/Shutterstock; p.60 Ringo mizukino/Shutterstock; p.61 Ivanova N/Shutterstock; p.62t AJR_photo/Shutterstock; p.62b AJR_photo/Shutterstock; p.66l Kurhan/Shutterstock; p.66r Dima Sidelnikov/Shutterstock; p.67 Sirtravelalot/Shutterstock; p.68 Rawpixel.com/Shutterstock; p.69l Lia Koltyrina/Shutterstock; p.69r Nestor Rizhniak/Shutterstock; p.72t Goldnetz/Shutterstock; p.72ct Lauren Squire/Shutterstock; p.72cb Inspired By Maps/Shutterstock; p.72b Vladimir Gjorgiev/Shutterstock; p.73t Toniflap/Shutterstock; p.73b Jose de Jesus Churion Del/Shutterstock; p.74tl Africa Studio/Shutterstock; p.74tc Alena TS/Shutterstock; p.74tr Gruffi/Shutterstock; p.74cl Matkub2499/Shutterstock; p.74cc Billion Photos/Shutterstock; p.74cr Nigel Stripe/Shutterstock; p.74bl Seen0001/Shutterstock; p.74bc Oksana2010/Shutterstock; p.74br Hekla/Shutterstock; p.75 TheVisualsYouNeed/Shutterstock; p.76a Nito/Shutterstock; p.76b Nattika/Shutterstock; p.76c Christopher Elwell/Shutterstock; p.76d Bildagentur Zoonar GmbH/Shutterstock; p.76e Stanga/Shutterstock; p.76f Shane White/Shutterstock; p.76g Lotus Images/Shutterstock; p.76h Bigacis/Shutterstock; p.76i Jr images/Shutterstock; p.76j Africa Studio/Shutterstock; p.76k Salmon-negro/Shutterstock; p.77 Adisa/Shutterstock; p.79 Cute.flat/Shutterstock; p.81l Christopher Elwell/Shutterstock; p.81cl Ludmilafoto/Shutterstock; p.81cr 24Novembers/Shutterstock; p.81r Michael Kraus/Shutterstock; p.82a Dmitry Zimin/Shutterstock; p.82b Olga Popova/Shutterstock; p.82c lanych/Shutterstock; p.82d Billion Photos/Shutterstock; p.82e Karkas/Shutterstock; p.82f Cosma/Shutterstock; p.82g Magdalena Wielobob/Shutterstock; p.82h Maffi/Shutterstock; p.83 Zoriana Zaitseva/Shutterstock; p.86a Grebeshkovmaxim/Shutterstock; p.86b Liza54500/Shutterstock; p.86c HSNphotography/Shutterstock; p.86d Inky Water/Shutterstock; p.86e Marish/Shutterstock; p.86f Evgeniya L/Shutterstock; p.86g David Franklin/Shutterstock; p.86h Karkas/Shutterstock; p.86i Pticelov/Shutterstock; p.86j Ivonne Wierink/Shutterstock; p.88tl Venus Angel/Shutterstock; p.88tc Africa Studio/Shutterstock; p.88tr Grebeshkovmaxim/Shutterstock; p.88bl Normallens/Shutterstock; p.88br Involved Channel/Shutterstock; p.89a JPA/Shutterstock; p.89b Adha Ghazali/Shutterstock; p.89c Nejron Photo/Shutterstock; p.89d Hunthomas/Shutterstock; p.89e Akugasahagy/Shutterstock; p.89f MichaelJayBerlin/Shutterstock; p.89g Petrovic Igor/Shutterstock; p.89h Petrovic Igor/Shutterstock; p.90t FashionStock.com/Shutterstock; p.90b Jordan Tan/Shutterstock; p.91 Edgloris Marys/Shutterstock; p.92tl Andrea Raffin/Shutterstock; p.92tc Jimmie48 Photography/Shutterstock; p.92tr Zixia/Shutterstock; p.92c S_bukley/Shutterstock; p.92bl S_bukley/Shutterstock; p.92br Ververidis Vasilis/Shutterstock; p.94l Anton_Ivanov/Shutterstock; p.94r Rob Crandall/Shutterstock; p.98a Nick Starichenko/Shutterstock; p.98b Allen.G/Shutterstock; p.98c Marcio Jose Bastos Silva/Shutterstock; p.98d GagliardiImages/Shutterstock; p.98e Amnat30/Shutterstock; p.98f Eric laudonien/Shutterstock; p.99tl Sirtravelalot/Shutterstock; p.99tc Felix Mizioznikov/Shutterstock; p.99tr Michael C. Gray/Shutterstock; p.99bl Samuel Borges Photography/Shutterstock; p.99br Monkey Business Images/Shutterstock; p.101 Rene G/Shutterstock; p.102a Syda Productions/Shutterstock; p.102b Alexey Lesik/Shutterstock; p.102c Pio3/Shutterstock; p.102d Debasige/Shutterstock; p.102e OPOLJA/Shutterstock; p.102f Taya Ovod/Shutterstock; p.102g Totojang1977/Shutterstock; p.102h Icemanphotos/Shutterstock; p.103l Monkey Business Images/Shutterstock; p.103cl Sergey Novikov/Shutterstock; p.130cr Mooremedia/Shutterstock; p.103r MinDof/Shutterstock; p.104.1 Gogoiso/Shutterstock; p.104.2 Ruslan Kudrin/Shutterstock; p.104.3 MIGUEL G. SAAVEDRA/Shutterstock; p.104.4 Elenovsky/Shutterstock; p.104.5 GeorgeVieiraSilva/Shutterstock; p.104.6 JRP Studio/Shutterstock; p.104.7 Iakov Filimonov/Shutterstock; p.104.8 Suzi Nelson/Shutterstock; p.104.9 Michael Kraus/Shutterstock; p.104.10 Magdalena Wielobob/Shutterstock; p.104.11 Galyasa/Shutterstock; p.105 Trubavin/Shutterstock; p.106tl Kleber Cordeiro/Shutterstock; p.106tc Gorodenkoff/Shutterstock; p.106tr Anneka/Shutterstock; p.106cl Richard Peterson/Shutterstock; p.106cr Conrado/Shutterstock; p.106bl Macrovector/Shutterstock; p.106bc PRESSLAB/Shutterstock; p.106br Merla/Shutterstock; p.108tl Maxisport/Shutterstock; p.108tc EFECREATA.COM/Shutterstock; p.108tr Alex Kravtsov/Shutterstock; p.108bl Pressmaster/Shutterstock; p.108bcl Alizada Studios/Shutterstock; p.108bcr Maxisport/Shutterstock; p.108br Moomsabuy/Shutterstock; p.109l Manzrussali/Shutterstock; p.109cl Pavel L Photo and Video/Shutterstock; p.109cr Marco Iacobucci EPP/Shutterstock; p.109r Christian Bertrand/Shutterstock; p.110t Iakov Filimonov/Shutterstock; p.110.1 KannaA/Shutterstock; p.110.2 MicroOne/Shutterstock; p.110.3 Graphic-line/Shutterstock; p.110.4 DRogatnev/Shutterstock; p.110.5a Pingebat/Shutterstock; p.110.5b Constantine Pankin/Shutterstock; p.110.5c Tribalium/Shutterstock; p.110.6 Zeeker2526/Shutterstock; p.110.7 Sky Designs/Shutterstock; p.110.8 Aliaksei kruhlenia/Shutterstock; p.111tl Ballda/Shutterstock; p.111tcl Kent Weakley/Shutterstock; p.111tcr Enjoyphoto80/Shutterstock; p.111tr Monkey Business Images/Shutterstock; p.111bl Monkey Business Images/Shutterstock; p.111bcl Aisyaqilumaranas/Shutterstock; p.111bcr Monkey Business Images/Shutterstock; p.111br Dragon Images/Shutterstock; p.115tl Dana E. Fry/Shutterstock; p.115tr Felix Mizioznikov/Shutterstock; p.115cl AJR_photo/Shutterstock; p.115cr Wavebreakmedia/Shutterstock; p.115bl Tracy Whiteside/Shutterstock; p.115br SLP_London/Shutterstock; p.116l Cat Box/Shutterstock; p.116c George Rudy/Shutterstock; p.116r Brainsil/Shutterstock; p.117 Monkey Business Images/Shutterstock; p.118c Fotos593/Shutterstock; p.118r OSTILL is Franck Camhi/Shutterstock; p.119c Tribune Content Agency LLC/Alamy Stock Photo; p.119b Neveshkin Nikolay/Shutterstock; p.120l Jacob Lund/Shutterstock; p.120c Fizkes/Shutterstock; p.120r Monkey Business Images/Shutterstock; p.121 Moneca/Shutterstock; p.122 Dragana Gordic/Shutterstock; p.126a Nikiteev_konstantin/Shutterstock; p.126b Rvector/Shutterstock; p.126c VectorPot/Shutterstock; p.126d Urfin/Shutterstock; p.126e Anthonycz/Shutterstock; p.126f BlueRingMedia/Shutterstock; p.126g VAlex/Shutterstock; p.126h HardtIllustrations/Shutterstock; p.129tl Kzenon/Shutterstock; p.129tr Iakov Filimonov/Shutterstock; p.129b Glenda/Shutterstock; p.130a Anna Klepatckaya/Shutterstock; p.130b Shuravaya/Shutterstock; p.130c R.nagy/Shutterstock; p.130d Mikolajn/Shutterstock; p.130e Andres Navia Paz/Shutterstock; p.130f Lazyllama/Shutterstock; p.130g Ventdusud/Shutterstock; p.130h Stor24/Shutterstock; p.130i Skycolors/Shutterstock; p.132tl Eugenio Marongiu/Shutterstock; p.132tcl Lapina/Shutterstock; p.132tcr Dasha Petrenko/Shutterstock; p.132tr Jacek Chabraszewski/Shutterstock; p.132bl Gustavo Miguel Fernandes/Shutterstock; p.132bcl Willyam Bradberry/Shutterstock; p.132bcr Ole_CNX/Shutterstock; p.132br Merla/Shutterstock; p.133l Jag_cz/Shutterstock; p.133r Sunsinger/Shutterstock; p.134.1 Angelo Modesti/Shutterstock; p.134.2 Anton_Ivanov/Shutterstock; p.134.3 Kiskungboy/Shutterstock; p.134.4 ESOlex/Shutterstock; p.134.5 Ekmiva/Shutterstock; p.134.6 Dima Moroz/Shutterstock; p.134.7 ChameleonsEye/Shutterstock; p.134.8 Novi Elysa/Shutterstock; p.134.9 Matyas Rehak/Shutterstock; p.134.10 Edvard Nalbantjan/Shutterstock; p.134.11 Amnat30/Shutterstock; p.134.12 Klemen cerkovnik/Shutterstock; p.134.13 Watch The World/Shutterstock; p.134.14 RSnapshotPhotos/Shutterstock; p.135l Dmitry Burlakov/Shutterstock; p.135r Testing/Shutterstock; p.136b J0v43/Shutterstock; p.137t Paul Mendoza/Alamy Stock Photo; p.137b Matyas Rehak/Shutterstock; p.138tl Diego Grandi/Shutterstock; p.138tcl EGT-1/Shutterstock; p.138tcr T photography/Shutterstock; p.138tr DFLC Prints/Shutterstock; p.138bl Matyas Rehak/Shutterstock; p.138bcl No-Mad/Shutterstock; p.138bcr Ilyshev Dmitry/Shutterstock; p.138br Matyas Rehak/Shutterstock; p.142a Anamaria Mejia/Shutterstock; p.142b Brent Hofacker/Shutterstock; p.142c 135pixels/Shutterstock; p.142d BobNoah/Shutterstock; p.142e Fanfo/Shutterstock; p.142f Alexander Raths/Shutterstock; p.142g MaraZe/Shutterstock; p.142h Joerg Beuge/Shutterstock; p.142i Nataliya Arzamasova/Shutterstock; p.142j 135pixels/Shutterstock; p.142k Anna_Pustynnikova/Shutterstock; p.142l MaraZe/Shutterstock; p.142m Bildagentur Zoonar GmbH/Shutterstock; p.143t Olga Miltsova/Shutterstock; p.143ct Erickbolanos506/Shutterstock; p.143cb Kobbymendez/Shutterstock; p.143b Nehophoto/Shutterstock; p.144l Africa Studio/Shutterstock; p.144c Bekshon/Shutterstock; p.144r Elenadesign/Shutterstock; p.146c Artisticco/Shutterstock; 146br Kirill_z/Shutterstock; p.147 Laura Lindon/Shutterstock; p.148t Yayayoyo/Shutterstock; p.149l OSTILL is Franck Camhi/Shutterstock; p.149r Sean Pavone/Shutterstock; p.149b Emperorcosar/Shutterstock; p.150c Scott Biales/Shutterstock; p.150r Picture4you/Shutterstock; p.151c Matyas Rehak/Shutterstock; p.151r Fotos593/Shutterstock; p.153 Amnat30/Shutterstock; p.154l TravnikovStudio/Shutterstock; p.154r Lucia Romero/Shutterstock; p.158tl Jonak/Shutterstock; p.158tc Paolo Costa/Shutterstock; p.158tr Dr Morley Read/Shutterstock; p.158cl Javier Crespo/Shutterstock; p.158c Rafal Cichawa/Shutterstock; p.158cr Fboudrias/Shutterstock; p.158bl Fotos593/Shutterstock; p.158br Marcella Miriello/Shutterstock; p.159 Claudio Soldi/Shutterstock; p.160t Curioso/Shutterstock; p.160bl Jason Stitt/Shutterstock; p.160bcl Aastock/Shutterstock; p.160bcr LStockStudio/Shutterstock; p.160br Felix Mizioznikov/Shutterstock; p.161l Zdorov Kirill Vladimirovich/Shutterstock; p.161cl Sunsinger/Shutterstock; p.161cr Amnat30/Shutterstock; p.161r Michael Meshcheryakov/Shutterstock; p.162.1 Tanguy de Saint-Cyr/Shutterstock; p.162.2 Ondrej Prosicky/Shutterstock; p.162.3 Wayak/Shutterstock; p.162.4 Volodymyr Burdiak/Shutterstock; p.162.5 Ondrej Prosicky/Shutterstock; p.162.6 Volodymyr Burdiak/Shutterstock; p.162.7 Vaclav Sebek/Shutterstock; p.162.8 Anton_Ivanov/Shutterstock; p.162.9 Blue-sea.cz/Shutterstock; p.162.10 Paolo Costa/Shutterstock; p.163 Haley Allison/Shutterstock; p.164tl Azer Merz/Shutterstock; p.164tcl Rich Carey/Shutterstock; p.164tcr SAPhotog/Shutterstock; p.164tr Pkul/Shutterstock; p.164bl Mr.anaked/Shutterstock; p.164bcl Jay Ondreicka/Shutterstock; p.164bcr Savo Ilic/Shutterstock; p.164br Dmitry Rukhlenko/Shutterstock; p.165c Erika Kirkpatrick/Shutterstock; p.165r Rich Carey/Shutterstock; p.166tl Maryna rodyukova/Shutterstock; p.166tcl MIND AND I/Shutterstock; p.166tcr Vitezslav Valka/Shutterstock; p.166tr DiskoDancer/Shutterstock; p.166bl MaryValery/Shutterstock; p.166bcl Zoart Studio/Shutterstock; p.166bcr SITTIPAT SUKHONG/Shutterstock; p.166br Stephen Finn/Shutterstock; p.167l Chuyuss/Shutterstock; p.167cl Wollertz/Shutterstock; p.167cr Kasikun_Kamol/Shutterstock; p.167r 360b/Shutterstock; p.168tl Kletr/Shutterstock; p.168tr A3pfamily/Shutterstock; p.168c Makistock/Shutterstock; p.168bl T.Dallas/Shutterstock; p.168br Marik Peter/Shutterstock; p.170t MAV Drone/Shutterstock; p.170c Erlantz P.R/Shutterstock; p.171c EGT-1/Shutterstock; p.171b Wayak/Shutterstock; p.172 Dirk Ercken/Shutterstock; p.173 Yayayoyo/Shutterstock; p.174 Izf/Shutterstock; p.178tl IM_photo/Shutterstock; p.178tcl Pagina/Shutterstock; p.178tcr Potato Tomato/Shutterstock; p.178tr Alexander Chaikin/Shutterstock; p.178bl Kamira/Shutterstock; p.178bcl Food Travel Stockforlife/Shutterstock; p.178bcr Toniflap/Shutterstock; p.178br Rudmer Zwerver/Shutterstock; p.179t Angelo D'Amico/Shutterstock; p.179b Smile Fight/Shutterstock; p.180 Serdar Tibet/Shutterstock; p.181 ProStockStudio/Shutterstock.